SERÁ VERDADE?

MAIS DE 150 CRENÇAS DESMITIFICADAS

JOEY GREEN

SERÁ VERDADE?

MAIS DE 150 CRENÇAS DESMITIFICADAS

TRADUÇÃO

ÁLVARO CABRAL

ELSEVIER

EDITORA CAMPUS

Do original: *Contrary to popular belief*
Tradução autorizada do idioma inglês da edição publicada por
Broadway Books – Random House, Inc.

Editoração Eletrônica: Estúdio Castellani
Copidesque: Suzana Riet
Revisão Gráfica: Edna Cavalcanti

Elsevier Editora Ltda.
A Qualidade da Informação.
Rua Sete de Setembro, 111 – 16º andar
20050-006 Rio de Janeiro RJ Brasil
Telefone: (21) 3970-9300 FAX: (21) 2507-1991
E-mail: *info@elsevier.com.br*
Escritório São Paulo:
Rua Quintana, 753/8º andar
04569-011 Brooklin São Paulo SP
Tel.: (11) 5105-8555

ISBN 13 978-85-352-2038-4
ISBN 10 85-352-2038-0
Edição original: ISBN 0-7679-1992-0

Nota: Muito zelo e técnica foram empregados na edição desta obra. No entanto, podem ocorrer erros de digitação, impressão ou dúvida conceitual. Em qualquer das hipóteses, solicitamos a comunicação à nossa Central de Atendimento, para que possamos esclarecer ou encaminhar a questão.

Nem a editora nem o autor assumem qualquer responsabilidade por eventuais danos ou perdas a pessoas ou bens, originados do uso desta publicação.

Central de atendimento
Tel.: 0800-265340
Rua Sete de Setembro, 111, 16º andar – Centro – Rio de Janeiro
e-mail: info@elsevier.com.br
site: www.campus.com.br

CIP-Brasil. Catalogação-na-fonte.
Sindicato Nacional dos Editores de Livros, RJ

G83s

Green, Joey
Será verdade? : mais de 150 crenças desmitificadas / Joey Green ; tradução de Álvaro Cabral. – Rio de Janeiro : Elsevier, 2006
il.

Tradução de: Contrary to popular belief
Inclui bibliografia
ISBN 85-352-2038-0

1. Curiosidades e maravilhas. I. Título.

06-0247. CDD 031
CDU 030

Comecemos por assumir um compromisso com a verdade;
vê-la tal como ela é e dizê-la tal como ela é;
apurar a verdade, falar a verdade e viver com a verdade.

Richard M. Nixon
Discurso de aceitação de sua candidatura na
Convenção Republicana de 8 de agosto de 1968

SOBRE O AUTOR

Joey Green induziu Barbara Walters a fazer Green Slime no *The View*, Jay Leno a barbear-se com manteiga de amendoim no *The Tonight Show*, Rosie O'Donnell a ensaboar a cabeleira com Jell-O no *The Rosie O'Donnell Show* e Katie Couric a deixar cair seu anel de brilhantes de noivado num copo cheio de Efferdene no *Today*. Green poliu móveis com Spam no *Dateline NBC*, limpou um banheiro com Coca-Cola nas páginas do *The New York Times*, e lavou o cabelo com Reddi-wip em *People*.

Joey Green, ex-editor de *National Lampoon* e ex-redator de publicidade na J. Walter Thompson, é autor de mais de trinta livros, incluindo *Clean Your Clothes with Cheez Whiz, The Zen of Oz* e *The Road to Success Is Paved with Failure* – para citar alguns. Natural de Miami, Flórida, e diplomado pela Universidade Cornell, escreveu comerciais de televisão para Burger King e Walt Disney World, e é detentor de um Clio Award por um logotipo que criou para a Eastman Kodak. Percorreu o mundo durante dois anos na sua lua-de-mel, e vive em Los Angeles com a mulher, Debbie, e as duas filhas do casal, Ashley e Julia.

Visite Joey Green em
www.wackyuses.com

INTRODUÇÃO

A Declaração da Independência dos Estados Unidos não foi assinada em 4 de julho de 1776. Em *O Mágico de Oz*, Judy Garland usa sapatos de prata. Os chapéus panamá vêm do Equador. Na Bíblia, Moisés escala sete vezes o Monte Sinai. A Terra está mais perto do Sol em 1º de janeiro.

Isto soa como uma porção de mentiras, não é? Mas acontece que, por mais esdrúxulo que pareça, são fatos verdadeiros, indiscutíveis e verificáveis.

Impossível, direis? A verdade é que acabamos todos por aceitar um montão de falácias, falsidades e asserções por "ouvir dizer" como verdades autênticas. Raramente pedimos que sejam provadas e documentadas. Ou somos confiantes demais ou preguiçosos demais para correr à biblioteca e consultar.

E assim, como um serviço público, fechei-me na biblioteca, checando os fatos, decidido a expor as centenas de mitos em que candidamente acreditávamos, as interpretações erradas que passamos adiante e o palavrório implacável que envenenou nossa consciência coletiva. Aqui está, pois, o antídoto. É fortificante, eficaz e garantido. Chama-se a verdade. Por favor, use-a com sabedoria e bom senso.

George Washington foi o nono presidente dos Estados Unidos.

Os Estados Unidos da América conquistaram sua independência em 4 de julho de 1776. George Washington foi eleito presidente treze anos depois, em 30 de abril de 1789. Durante os anos intermédios, o Segundo Congresso Continental, instalado na Filadélfia, redigiu os Artigos da Confederação (a primeira Constituição americana). Em 1781, o representante de Maryland, John Hanson, foi eleito o primeiro presidente do Congresso da Confederação. O seu título oficial era "presidente dos Estados Unidos reunidos em Congresso". Depois de Hanson, sete outros homens foram presidentes: Elias Boudinot, Thomas Mifflin, Richard Henry Lee, John Hancock, Nathaniel Gorham, Arthur St. Clair e Cyrus Griffin. Em 1787, o Congresso promoveu uma convenção constitucional. Os delegados redigiram a atual Constituição, ratificada pelos estados em 1788. No ano seguinte, os estados ratificantes elegeram Washington o nono presidente da nação (mas o primeiro presidente sob a nova Constituição).

A canção "As Time Goes By" não foi escrita para o filme *Casablanca*.

"As Time Goes By" (música de Herman Hupfeld, letra de Irving Kahal) foi cantada originalmente no show *Everybody's Welcome*, num teatro da Broadway, em 1931, e Rudy Vallee gravou a canção mais tarde, ainda nesse mesmo ano. *Casablanca* estreou onze anos depois, em 1942. A popularidade do filme levou a RCA a promover o relançamento da gravação do disco de Rudy Vallee.

O Conde de Sandwich não inventou o sanduíche.

O primeiro sanduíche registrado na história é o sanduíche Hillel, inventado pelo Rabino Hillel entre 70 a.C. e 10 d.C. O sanduíche, comido durante a refeição do Seder de Pessach (a Páscoa judaica), consiste em *charoset* (uma combinação de frutas, nozes e mel) e *maror* (ervas amargas), tudo amassado e posto entre duas fatias de *matzah* (pão ázimo). Na Idade Média, os árabes comiam a carne embutida em bolsas de pão pita, e os camponeses europeus medievais preparavam merendas de pão com queijo para comer durante o trabalho no campo. John Montagu, o quarto Conde de Sandwich (1718-1792), comeu carne e queijo entre duas fatias de pão, a fim de manter livre uma das mãos enquanto jogava cartas, dando seu nome ao sanduíche, mas não à sua origem.

O smoking não teve origem na Inglaterra.

No verão de 1886, Pierre Lorillard IV, residente em Tuxedo Park, um pequeno povoado no Condado de Westchester, Nova York, não queria ceder ao formalismo da casaca e *black tie* para ir ao anual Baile do Outono do seu *country club*. Encomendou a um alfaiate que fizesse vários semiformais paletós pretos, sem abas – no estilo das populares jaquetas vermelhas dos cavaleiros britânicos, quando se reúnem para a caça à raposa. Casaca e *black tie* tiveram origem na Inglaterra nos começos do século XIX. Lorillard talvez se inspirasse no rei Eduardo VII, que, durante uma visita à Índia como Príncipe de Gales, tinha ordenado que cortassem as abas de sua casaca para que ela ficasse mais fresca num clima quente. Por fim, Lorillard não chegou a ir ao baile com o novo modelo, mas seu filho, Griswold, e alguns dos seus amigos, aprovaram a idéia – e lançaram a moda do smoking. Nos Estados Unidos chamam-no tuxedo, o nome do povoado, assim batizado em memória do cacique pele-vermelha Algonquin P'tauk-Seet (o *P* é mudo), que significa "lobo".

O Congresso dos Estados Unidos não assinou a Declaração de Independência em 4 de julho de 1776.

Em 4 de julho de 1776, o Segundo Congresso Continental, reunido na Filadélfia, na Casa do Estado da Pensilvânia, adotou formalmente o projeto final da Declaração de Independência, que só foi assinado por John Hancock e Charles Thomson, respectivamente presidente e secretário do Congresso. O Estado de Nova York só deu seu voto de aprovação em 9 de julho. Em 15 de julho, o Congresso ordenou que a Declaração fosse escrita em pergaminho e, em 2 de agosto, cinqüenta delegados reunidos assinaram o documento final. Seis outros delegados assinaram o documento em datas ulteriores, incluindo alguns que ainda não eram membros do Congresso quando a Declaração foi adotada, e Thomas McKean só veio a apor-lhe seu nome cinco anos depois, em 1781.

A batalha de Waterloo não foi travada em Waterloo.

Em junho de 1815, o Duque de Wellington, da Grã-Bretanha, comandou suas tropas contra o exército de Napoleão, num pequeno vale 65 quilômetros ao sul de Waterloo, na Bélgica, entre as aldeias de Plancenoit e Mont St.Jean. A batalha ficou conhecida como Waterloo, possivelmente porque Wellington aí dormiu na noite anterior ao confronto ou porque, depois da vitória, ele voltou a Waterloo com as notícias para escrever para casa.

Os camelos não transportam água em suas corcovas.

Os camelos não têm um reservatório para líquidos em suas corcovas. A corcova é uma reserva de alimentos, feita principalmente de gordura. Ao armazenar a maior parte da gordura de seu corpo na corcova, o camelo pode perder livremente calor do resto de seu corpo sem ter que transpirar muito, o que lhe permite conservar a água. O camelo pode passar dias ou até meses sem água porque, ao contrário de outros animais, os camelos retêm uréia e só começam a suar quando a temperatura do corpo ultrapassa 52°C.

A droga mais consumida não é o álcool.

A droga mais consumida no mundo é a cafeína – que se encontra em refrigerantes, café, cacau, bombons, caramelos de chocolate, e em muitos medicamentos vendidos sem receita. De acordo com o National Institute on Drug Abuse dos Estados Unidos, a cafeína é uma substância tóxica que cria dependência física e causa uma elevação do ritmo cardíaco, da temperatura do corpo, da produção de urina e da secreção de suco gástrico. A cafeína também aumenta os níveis de açúcar no sangue e causa tremores, perda de coordenação, diminuição de apetite e protelação da fadiga, e pode interferir na profundidade do sono e na quantidade de sono paradoxal (período de atividade onírica).

A batata não é originária da Irlanda.

Já no ano 200 da era cristã os incas estavam cultivando a batata na Cordilheira dos Andes, na região onde se situam hoje o Peru e a Bolívia. No século XVI, os conquistadores espanhóis levaram a batata para a Europa. Pouco depois, exploradores ingleses levaram batatas para a Inglaterra. Daí, foram introduzidas na Irlanda, onde agricultores irlandeses começaram a cultivá-la. Os horrores da escassez de batata na Irlanda, no final da década de 1840, quando cerca de 750.000 pessoas morreram de fome, fez com que as pessoas concluíssem erroneamente que a batata era originária da Irlanda. A estátua de *sir* Francis Drake em Offenbach, Alemanha, proclama erradamente o explorador inglês como o "Introdutor da Batata na Europa". Daí o tubérculo ser conhecido em muitos países como batata-inglesa. Não existe nenhuma prova de que Drake, que navegou por toda a América do Sul, tenha transportado batatas a bordo do seu navio, o *Pelican*.

A Terra não é redonda.

A Terra, achatada nos pólos e bojuda no equador, é realmente um esferóide. Em outras palavras, o diâmetro equatorial da Terra (12.756 km) é maior do que o diâmetro polar (12.713 km). De acordo com *sir* Isaac Newton, essa protuberância é causada pela força centrífuga da rotação da Terra.

O xadrez não se originou na Rússia.

O xadrez começou no século VI, na Índia, como um jogo chamado *chaturanga* ("exército", em sânscrito). Como peças do jogo eram usadas miniaturas de carros de combate, cavalaria, infantaria e elefantes. O jogo propagou-se pela Pérsia, que fora conquistada pelos árabes no século VII. Os invasores árabes levaram o jogo para a Espanha no século X, quando se difundiu por toda a Europa. Os europeus substituíram gradualmente as peças do jogo por bispos, cavaleiros, peões e torres. Os árabes tinham crismado o jogo como *al-schah-mat* ("o rei está morto", em árabe), o que em inglês virou *checkmate* e *xeque-mate* em português. Na Rússia, xadrez chama-se *schhkmat*. A palavra inglesa *chess* deriva do persa *shah,* que significa "rei". As pessoas pensam que o xadrez se originou na Rússia porque os russos detiveram o título oficial de campeões mundiais de xadrez de 1948 até 1972, quando o americano Bobby Fischer derrotou Boris Spassky. Os russos recuperaram o título em 1975 e o mantiveram até 2004.

Jesus não nasceu em 25 de dezembro, 1 d.C.

Ninguém sabe quando Jesus nasceu. O Novo Testamento não especifica a data. No século II da era cristã, o doutor da Igreja grega, Clemente de Alexandria, sugeriu 20 de maio, visto o Novo Testamento afirmar que os pastores que foram informados por um anjo do nascimento de Jesus estavam vigiando seus rebanhos durante a noite (Lucas 2:9), o que só acontecia na primavera, quando as ovelhas pariam seus cordeirinhos. Em 336 da era cristã, a Igreja Ocidental decidiu celebrar 25 de dezembro como dia do nascimento de Jesus (oficialmente adotada pelo Bispo Liberius de Roma, em 354), a fim de usurpar a data dos populares festejos pagãos romanos de Natalis Solis Invicti ("aniversário do inconquistável sol"), em homenagem a Mitra, o deus-sol persa. Durante séculos, os pagãos tinham celebrado a morte e ressurreição do sol no solstício de inverno, em fins de dezembro, e por volta de 274 o imperador romano Aureliano proclamou o mitraísmo a religião oficial do estado.

A Igreja Ortodoxa Oriental e a Igreja Católica Ucraniana ainda seguem o calendário Juliano, estabelecido por Júlio César em 45 a.C., celebrando o aniversário de Jesus em 6 de janeiro.

No século VI d.C., um monge, Dionysius Exiguus, começou contando os anos desde o ano do nascimento de Jesus, que ele calculou erroneamente ser de quatro a oito anos mais tarde do que a data real. Como Jesus nasceu durante a vida de Herodes, o Grande, seu nascimento certamente ocorreu antes da morte de Herodes, em 4 a.C. O Novo Testamento afirma que César Augusto ordenou a realização de um censo demográfico, o que obrigou José a levar sua mulher grávida, Maria, a Belém. Documentos antigos parecem indicar que o censo teve lugar entre 6 e 8 a.C.

Assim, enquanto a maioria dos cristãos celebra o nascimento de Jesus em 25 de dezembro, o mais provável é que ele tenha nascido na primavera – entre os anos 4 e 8 antes da era cristã.

Fernão de Magalhães não foi o primeiro navegador a dar a volta ao mundo.

O navegador português Fernão de Magalhães comandou uma expedição de cinco navios que zarparam da Espanha em 1519, singrou no que ficou conhecido como Estreito de Magalhães, na extremidade meridional da América do Sul, tornou-se o primeiro europeu a navegar no Pacífico, e descobriu Guam e as Filipinas, onde foi morto por indígenas na ilha de Mactan, em 1521. Coube a um dos oficiais de Magalhães, Juan Sebastian del Cano, completar a primeira circunavegação do globo. O primeiro explorador a dar efetivamente a volta ao mundo foi *sir* Francis Drake.

Benjamin Franklin não fundou a *Saturday Evening Post*.

Em 1899, o editor George Horace Lorimer começou a estampar a frase "Fundado em 1728 d.C. por Benjamin Franklin" na capa da *Saturday Evening Post,* com a intenção de vender mais revistas. Na realidade, a *Saturday Evening Post* tinha sido fundada em 1821, trinta e um anos depois da morte de Benjamin Franklin. Em 1729, Franklin comprou e dirigiu a *Pennsylvania Gazette,* um pequeno jornal que continuou a ser publicado após sua morte em 1790, até finalmente se extinguir em 1815, seis anos antes do primeiro número da *Saturday Evening Post* entrar no prelo – na mesma gráfica onde a *Pennsylvania Gazette* tinha sido impressa.

James Watt não inventou a máquina a vapor.

Em 1698, Thomas Savery patenteou a primeira máquina a vapor prática, uma bomba usada para drenagem de minas inundadas na Cornualha, Inglaterra. O vapor entrava num recipiente hermeticamente fechado através de uma válvula manualmente operada; água fria era injetada no recipiente para condensar o vapor no interior do mesmo e criar um vácuo parcial; então a válvula era aberta para que o vácuo pudesse absorver a água e jogá-la por um tubo no recipiente. Em 1712, o ferreiro inglês Thomas Newcomen inventou uma máquina a vapor que acionava um pistão. Em 1763, o engenheiro escocês James Watt aperfeiçoou a máquina de Newcomen ao dar forma prática à idéia de duas câmaras separadas para vaporização e condensação, em vez de uma só câmara, a qual desperdiçava enormes quantidades de vapor. Watt recebeu uma patente para a sua inovação em 1769, mas dizer que ele inventou a máquina a vapor não passa de uma pretensão infundada.

Adolf Hitler não pintou paredes nem colocou papéis de parede.

Depois de fracassar em dois anos consecutivos no exame de admissão para a Academia de Belas-Artes de Viena, Áustria, Adolf Hitler sustentava-se fazendo cartazes para lojistas e pintando cartões-postais com paisagens que ia vendendo de taverna em taverna. Fazia biscates removendo neve da frente das casas, carregando malas na estação ferroviária de Viena, e trabalhando como operário diarista na construção civil, mas nunca fez da pintura de paredes ou da colocação de papel de paredes um modo de vida. Entretanto, em 4 de outubro de 1939, um mês depois de Hitler invadir a Polônia, o semanário francês *Marianne* publicou em sua primeira página uma fotomontagem satírica – criada pelo fotógrafo dinamarquês Jacob "Marinus" Kjeldgaard –, retratando Hitler como pintor de paredes. Pouco depois, aviões franceses despejaram sobre a Alemanha 200.000 cartões-postais com essa imagem. A imagem também apareceu em 140 jornais e revistas dos Estados Unidos.

A maior pirâmide do mundo não está no Egito.

A Quetzalcóatl, a maior pirâmide do mundo, está situada em Cholula de Rivadabia, 100 km a sudeste da Cidade do México. Construída entre o segundo e o sexto século da nossa era e dedicada ao deus asteca Quetzalcóatl, a pirâmide tem 540 m de altura e cobre uma área de cerca de 18 hectares. Em comparação, a Grande Pirâmide de Quéops, construída no terceiro milênio a.C., não vai além dos 397 m de altura e cobre menos de 6 hectares – mas é óbvio que obteve muito melhor publicidade.

O nome *Smith* não é uma forma abreviada de "blacksmith".

O sobrenome baseia-se usualmente em um lugar de residência, no nome dado a um ancestral, ou em uma profissão – como Baker (padeiro), Carpenter (carpinteiro), Cook (cozinheiro), Miller (moleiro) e Taylor (alfaiate). O sobrenome mais comum na língua inglesa é Smith. A pessoa que trabalha com metal é um *smith*. A palavra *Smith* originou-se muito antes das palavras compostas *blacksmith* (ferreiro), *whitesmith* (tanoeiro) e *goldsmith* (ourives).

A ilha de Atlântida não afundou no oceano.

A história do afundamento da ilha de Atlântida no oceano originou-se no *Timeu*, um diálogo de Platão escrito por volta de 350 anos a.C. Platão descreveu a Atlântida como a sede de um belo e próspero império que dominara outrora partes da Europa e da África. A irreligiosidade da população teria causado gigantescos abalos sísmicos e inundações, e o mar tragara a ilha. Não existe menção alguma à existência de tal ilha nos escritos de qualquer outro autor antes de Platão. O mais famoso discípulo do filósofo grego, Aristóteles, fez apenas o seguinte comentário acerca da Atlântida: "Aquele que a inventou também a destruiu." Alguns cientistas acreditam que Platão baseou sua ficção na erupção vulcânica que destruiu a ilha de Thira, no Mar Egeu, por volta de 1500 a.C.

Júlio César não foi o primeiro imperador de Roma.

O general e estadista romano Júlio César, que governou Roma como um monarca sem coroa, morreu em 15 de março do ano 44 a.C., treze anos antes de Roma se converter num império. Só em 29 a.C. o Senado romano fez do sobrinho-neto de César, Otaviano (que derrotou Antônio e Cleópatra na Batalha de Accio), o primeiro imperador romano. Otaviano adotou o nome de César Augusto. Os quatro imperadores seguintes também usaram o nome de César, que acabou por se tornar sinônimo do título de imperador.

O naufrágio do vapor inglês *Lusitania* não impeliu os Estados Unidos a entrar na Primeira Guerra Mundial.

Um submarino alemão torpedeou e afundou o *Lusitania*, um vapor inglês de passageiros que navegava numa zona declarada de guerra, em 7 de maio de 1915 – dois anos antes de os Estados Unidos entrarem na Primeira Guerra Mundial. No dia em que o *Lusitânia* zarpou da América para a Europa, saíram em cinqüenta jornais anúncios colocados por funcionários alemães que viviam nos Estados Unidos, advertindo os americanos para não viajarem em navios britânicos que transportassem munições. Apesar das advertências, cerca de duzentos americanos embarcaram no *Lusitania*, que estava transportando tropas canadenses e 4.200 caixas de cartuchos para rifle. Das l.924 pessoas a bordo, 1.198 morreram, incluindo 128 americanos. O nome *Lusitania* converteu-se no grito unânime de protesto dos americanos que desejavam declarar guerra contra a Alemanha. Em resposta, a Alemanha ordenou aos comandantes de seus submarinos que não atacassem navios de passageiros desarmados. Em 1917, a Alemanha reverteu sua política e anunciou o recomeço da guerra submarina irrestrita, o que levou os Estados Unidos a entrarem na guerra em 6 de abril de 1917.

As moscas domésticas não têm ventosas de sucção nas patas.

As moscas aderem às paredes e tetos porque têm garras nas extremidades das patas para se agarrar a superfícies planas.As patas possuem também almofadas peludas, chamadas *pulvilli*, revestidas com uma substância viscosa que lhes permitem caminhar em superfícies lisas, como vidraças e espelhos.

Never Never Land é um lugar real.

Never Never Land é a gíria australiana para o interior do país, porque os visitantes dessas vastas e desoladas regiões juravam "never never" [nunca, nunca mais] voltar. Descrita em 1908 no livro *We of the Never Never*, de autoria de Aeneas Gunn, a região interiorana a sudeste de Darwin, Austrália, tornou-se conhecida como Never Never Land. *Peter Pan*, a peça de James Mathew Barrie, estreou em Londres em 1904 e acompanhou as aventuras de Peter na Terra do Nunca (Neverland, não Never Never Land), o mesmo ocorrendo com a versão em livro de 1911 (originalmente intitulado *Peter and Wendy*) e o filme de Walt Disney de 1953, *Peter Pan*. As pessoas usam incorretamente os nomes *Neverland* e *Never Never Land* de modo indiscriminado.

O ano bissexto não ocorre a cada quatro anos.

29 de fevereiro só é adicionado ao calendário quando o número do ano é divisível por quatro – exceto em anos centenários não divisíveis por 400. Por exemplo, o ano de 2000 foi um ano bissexto, mas o ano de 2100, embora divisível por 4, não será um ano bissexto porque não é divisível por 400.

A gaita de fole não se originou na Escócia.

A primeira gaita de fole, feita de caniços espetados numa bolsa de pele de cabra, teve sua origem no Oriente Médio (provavelmente entre os hititas), muitas centenas de anos antes da era cristã. A gaita de fole chegou à Itália no século XIII, à Inglaterra no século XIV e finalmente à Escócia no século XV.

Abraham Lincoln não escreveu o Discurso de Gettysburg no verso de um envelope, enquanto viajava de trem para lá.

Lincoln começou a escrever o Discurso de Gettysburg em um domingo, 8 de novembro de 1863, quase duas semanas antes de proferir o discurso, em 19 de novembro. Escreveu cinco rascunhos. A versão final foi redigida em papel timbrado, a qual ele concluiu provavelmente na noite anterior à cerimônia de consagração do campo de batalha. De acordo com o secretário particular de Lincoln, o Presidente não escreveu nada durante a viagem de trem, repleta de solavancos, até Gettysburg. A fala de Lincoln na consagração do Cemitério Nacional de Gettysburg durou cerca de dois minutos. Porém, em 1885, 22 anos depois do discurso, o filho de Lincoln, Robert (estudante de Harvard quando seu pai proferiu o discurso no outono de 1863), afirmou em uma carta que seu pai escreveu o famoso discurso no trem.

A guilhotina não foi inventada pelo Dr. Joseph Guillotin na França.

Durante a Revolução Francesa, o Dr. Joseph Ignace Guillotin recomendou que a Assembléia Nacional francesa adotasse a máquina de decapitar como aparelho oficial para todas as execuções – para substituir métodos tão desumanos como o enforcamento e o esquartejamento públicos. Documentos icnográficos mostram que os antigos persas já dispunham de uma máquina de decapitar semelhante, assim como os italianos no século XIII e os escoceses durante a Idade Média. O Dr. Guillotin esperava que a máquina de decapitar por ele projetada fosse um passo intermediário no caminho do completo banimento da pena de morte. Em 25 de abril de 1792, a Assembléia Nacional francesa aprovou uma lei fazendo da decapitação o método uniforme de punição capital. A França usou a guilhotina para execuções até 1981, quando o país aboliu a pena capital – realizando o sonho do Dr. Guillotin e provando que ele era verdadeiramente um homem adiante do seu tempo.

O napalm não foi usado pela primeira vez na Guerra do Vietnã.

Em 1942, durante a Segunda Guerra Mundial, o químico Louis Fieser da Universidade de Harvard criou o napalm (uma combinação de ácido naftênico e ácido palmítico). A gasolina geleificada, desenvolvida em 1944 pelas companhias químicas Standard Oil e DuPont, adere a tudo em que toca e arde violentamente. Em 9 de março de 1945, o General Curis LeMay ordenou que bombardeiros da Força Aérea dos Estados Unidos despejassem cerca de 2.000 toneladas de bombas de napalm sobre Tóquio, matando pelo menos 83.000 pessoas, ferindo e mutilando mais de 40.000, deixando um milhão sem casa e destruindo pelo fogo cerca de um quarto da cidade. Os Estados Unidos também usaram napalm na Guerra da Coréia.

A agulha de uma bússola não aponta para o Pólo Norte.

O Pólo Norte é a extremidade setentrional do eixo da Terra. A agulha de uma bússola aponta para o norte magnético (criado pelo magnetismo da Terra), que se desloca com o tempo, decaindo lentamente sobre o Ártico canadense. O Serviço de Pesquisas Geológicas do Canadá completou uma pesquisa magnética em maio de 2001 e confirmou que o pólo norte magnético está se deslocando para noroeste aproximadamente a trinta milhas por ano. Em 2005, o pólo norte magnético estava localizado a 82,7° de latitude norte por 114,4° de longitude – a nordeste da Ilha Ellef Ringnes no Canadá. Todo dia o pólo magnético digressiona irregularmente em torno dessa posição média e pode ser deslocado sessenta milhas ou mais.

O avestruz não enterra a cabeça na areia.

Os árabes antigos iniciaram esse mito e crédulos escritores romanos o perpetuaram. O avestruz enfia a cabeça nas moitas e, por vezes, dorme com a cabeça no chão. Além disso, de acordo com o Zoológico de San Diego, "quando um avestruz pressente perigo e não pode fugir, desaba no solo e mantém-se inerte, com a cabeça e o pescoço espalmados no chão à sua frente". A cabeça e o pescoço confundem-se com o solo, dando a aparência de que a cabeça está enterrada na areia.

Dalila não cortou a cabeleira de Sansão.

Na Bíblia, um homem cujo nome não é citado – não Dalila – corta a cabeleira de Sansão. Embora Sansão estivesse apaixonado por Dalila, recusou-se a lhe confiar o segredo sobre a origem de sua força. De acordo com o Livro dos Juízes, "importunando-o ela todos os dias com suas palavras, e molestando-o, apoderou-se da alma dele uma impaciência mortal". Por fim, ele revelou que sua longa cabeleira era o segredo de sua força. Então, Dalila "fez Sansão dormir nos joelhos dela; e tendo chamado um homem, mandou que ele lhe rapasse as sete tranças da cabeça".

Frankenstein não era um monstro.

Tanto no livro de 1918 (*Frankenstein, or the Modern Prometheus*, escrito por Mary Shelley aos 18 anos de idade), como no filme de 1931 (*Frankenstein*, estrelado por Boris Karloff), Frankenstein é o sobrenome de Victor Frankenstein, um estudante de psicologia natural, que *cria* o monstro. No romance, Frankenstein dá o nome de Adão ao seu monstro. No filme, o monstro não tem nome próprio.

O Palácio de Buckingham não pertence ao governo britânico.

Em 1761, o rei Jorge III comprou a título particular o palácio que John Shefield, duque de Buckingham, mandara construir para sua residência, em 1703. Desde então, a propriedade do edifício vem sendo transmitida de geração em geração da família real. Hoje, a rainha Elizabeth II tem como suas propriedades particulares o Palácio de Buckingham, o Castelo de Windsor, o Castelo de Balmoral, Sandringham, Hampton Court, a Torre de Londres, as carruagens cerimoniais, o iate real, o trem real, os parques reais em Londres e as jóias da Coroa.

O *Mayflower* não arribou em Plymouth Rock.

Os Peregrinos fundearam o *Mayflower* em Provincetown, na península de Cape Cod, a 25 de novembro de 1620, mas consideraram o local inadequado. Deixando o *Mayflower* ancorado em Provincetown, o capitão Miles Standish embarcou numa escuna com um grupo de exploração e aproou em Eastham a 10 de dezembro, na ilha de Clark a 19 de dezembro, e em Plymouth a 26 de dezembro. Os Peregrinos que desembarcaram em 1620 nunca mencionaram Plymouth Rock em qualquer dos seus diários. Em 1741, quando a cidade planejou cobrir a rocha de granito com uma muralha de cais, Thomas Faunce, nascido 26 anos após o desembarque, insistiu em afirmar que seu pai (que tinha chegado três anos depois do desembarque) lhe dissera que os Peregrinos puseram pé em terra usando a rocha como alpondra. A rocha quebrou em duas quando a população tentou mudá-la para dentro da cidade durante a Guerra Revolucionária. Em 1920, para celebrar o 300º aniversário do desembarque do *Mayflower*, um santuário foi construído para alojar a rocha.

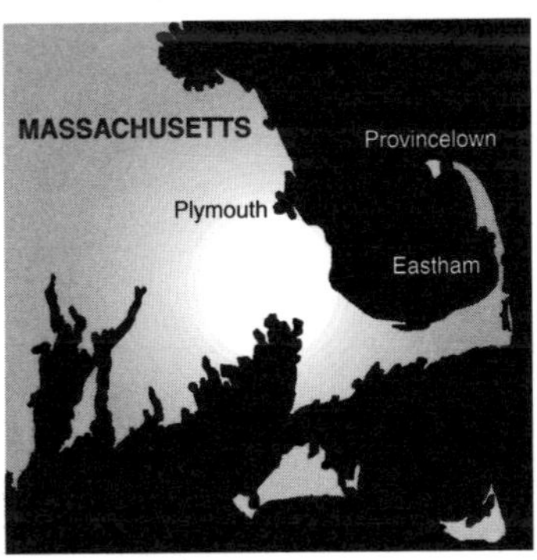

Drácula foi uma pessoa real.

O autor irlandês Bram Stoker deu o nome de Conde Drácula ao seu vampiro de ficção, inspirado na figura do príncipe Vlad IV da Valáquia, o brutal tirano que governou a região meridional dos Alpes da Transilvânia (hoje parte da Romênia), de 1456 a 1462. Durante seis anos, Vlad IV, o filho de Vlad Dracul ("diabo" em romeno), executou milhares de pessoas empalando-as com estacas pontiagudas, o que lhe valeu ser cognominado *Vlad Tepes* ("o Empalador") e *Vlad Drácula* ("filho do diabo"). Stoker baseou seu romance *Drácula*, de 1897, nas lendas de vampiro, que provavelmente surgiram em reação aos milhares de selváticas execuções cometidas por Vlad IV. No romance, Drácula é morto com uma estaca que lhe atravessa o coração.

A Guerra dos Cem Anos não durou cem anos.

A guerra começou em 24 de maio de 1337, quando o rei francês Filipe VI ocupou o ducado inglês de Guienne. Cinco meses depois, o rei inglês Eduardo III, cuja mãe, Isabel de França, era irmã de três monarcas franceses, reivindicou formalmente seu direito ao trono francês e enviou tropas à Normandia. A guerra terminou 116 anos depois, em 1453, quando os franceses expulsaram finalmente os britânicos de Guienne. Em 1553, as tropas britânicas retiraram-se inteiramente de solo francês. Em 1801, a Inglaterra retirou oficialmente suas pretensões ao trono francês. O conflito ficou conhecido como a Guerra dos Cem Anos, porque durou mais de cem anos.

Eu sepultei Paul

Os Beatles não colocaram pistas em seus álbuns para dar a entender que Paul McCartney estava morto como um golpe de publicidade para estimular as vendas de discos.

De acordo com a *Rolling Stone*, em setembro de 1969, um jornal estudantil da Universidade do Illinois propôs pela primeira vez a teoria de que os Beatles tinham plantado pistas em seus álbuns insinuando que Paul McCartney havia morrido e que um impostor tinha ocupado o lugar dele. Em 12 de outubro de 1969, o DJ Russ Gibb da rádio WKNR-FM, em Detroit, Michigan, recebeu um telefonema de um ouvinte, Tom Zarski, que lhe disse que John Lennon murmura "I buried Paul" (Eu sepultei Paul) no final de "Strawberry Fields Forever" e que "Revolution 9", tocado ao contrário, produz a mensagem "turn me on, dead man" (Me acende, homem morto). Gibb dividiu essa informação com os seus ouvintes, que o ajudaram a encontrar outras pistas. Dois dias mais tarde, em um comentário crítico de *Abbey Road* no *The Michigan Daily,* Fred LaBour, um graduando da Universidade de Michigan, divulgou esses depoimentos. Quando o boato se propagou por todo o país, as vendas dos discos dos Beatles dispararam. A revista *Life* localizou Paul McCartney em sua fazenda na Escócia e apresentou-o em sua capa de 7 de novembro de 1969, revelando a existência das pretensas pistas. Em 1970, quando indagado se os Beatles tinham semeado pistas em seus álbuns, sugerindo que McCartney estava morto, John Lennon disse à *Rolling Stone*: "Não, isso é papo furado. Foi tudo uma armação. Nós nunca faríamos uma coisa dessas."

PISTA: John Lennon diz "Eu sepultei Paul" no final de "Strawberry Fields Forever".

Em *The Beatles in Their Own Words,* Paul McCartney declara: "Não foi, em absoluto, 'I buried Paul' (Eu sepultei Paul), o que John estava dizendo era 'cranberry sauce' (molho de mirtilo)".

PISTA: Na capa de *Sgt. Peppers Lonely Hearts Club Band*, a mão sobre a cabeça de Paul significa morte.

A mão sobre a cabeça de Paul pertence ao cômico inglês Issy Bonn, que canta o *hit* "My Yiddishe Mama". "Na fotografia, ele está acenando para os seus fãs", explicou o artista Peter Blake, contratado pelos Beatles para fazer o *design* da capa, "e foi por mero acaso que a mão ficou sobre a cabeça de Paul. Nas outras fotos que fizemos, a coisa está muito diferente".

PISTA: Na capa do álbum *Sgt. Pepper*, as flores amarelas têm o formato da guitarra da canhota de Paul e dizem "Paul?".

Nas notas no interior da capa do compacto, o artista Peter Blake escreve: "O *boy* que entregou o arranjo floral perguntou se poderia contribuir fazendo uma guitarra com os jacintos." Só por um tremendo excesso de imaginação é que as flores amarelas no formato de uma guitarra podem estar dizendo "Paul?".

PISTA: A fotografia dentro do álbum *Sgt. Pepper* mostra Paul usando uma tira de pano que diz "O.P.D.", o jargão da polícia britânica para "Officially Pronounced Dead" (Oficialmente declarado morto).

O que a tira realmente diz é O.P.P. (Ontário Provincial Police), mas uma ruga no pano faz com que o segundo P pareça um D.

PISTA: Na contracapa do álbum *Sgt. Pepper*, o fato de Paul estar de costas e parecer mais alto do que os outros Beatles (o que ele não era) indica que ele estava morto e tinha sido substituído por um impostor.

McCartney parece mais alto porque está em primeiro plano. Está de costas porque os Beatles sempre buscam poses incomuns, como a cabeça de George Harrison fotografada ao contrário na capa da versão britânica de *Hard Day's Night*.

PISTA: No livreto que acompanha o álbum *Magical Mystery Tour,* o fato de Paul usar um cravo negro, enquanto os outros Beatles usam cravos vermelhos, indica que ele está morto.

Paul McCartney explicou: "Eu estava usando uma flor preta porque eles [a companhia produtora do filme] tinham esgotado o estoque de vermelhas."

PISTA: A canção "Glass Onion" no *White Álbum* contém a letra, "Eis uma outra pista para vocês todos: a morsa era Paul"; a capa do álbum de *Magical Mystery Tour* retrata a morsa vestida de negro; e a canção "I Am the Walrus" descamba progressivamente para uma leitura da cena da morte no *Rei Lear* de Shakespeare (Ato 4, Cena 4).

A canção "Glass Onion" zomba dos fãs dos Beatles, que procuram significados ocultos nas letras das canções, e John Lennon disse: "Eu escrevi o verso – 'the walrus was Paul' (a morsa era Paul) – apenas para fundir um pouco mais a cuca do pessoal. Eu poderia ter escrito 'o fox terrier era Paul'. É apenas um lance poético." Na capa de *Magical Mystery Tour,* é John Lennon – não Paul McCartney – quem está vestido como a morsa. No tocante à cena do *Rei Lear,* Lennon disse à *Playboy* que foi tudo chute: "Havia até um negócio da BBC gravado ao vivo numa faixa, você sabe. Alguém recitando Shakespeare ou coisa parecida, e eu enfiei na canção os versos que eles estavam recitando na rádio."

PISTA: No *White Album*, o murmúrio ouvido entre "I'm So Tired" e "Blackbird", quando tocado de trás para frente, diz "Paul está morto, sinto falta dele, sinto falta dele".

No final de "I'm So Tired", John Lennon murmura: "Listen for a second, monsieur, how about another one?" (Escute por um segundo, monsieur, que tal mais outro?) – o que, tocado de trás para diante, é um palavreado sem pé nem cabeça.

PISTA: Quando tocadas de trás para frente, as palavras repetidas "Number nine, number nine, number nine", em "Revolution 9", viram "turn me on, dead man, turn me on, dead man" (me acende, homem morto, me acende, homem morto).

Em 1980, John Lennon disse à *Playboy*: "Estávamos recortando música clássica em pedaços e fazendo com eles anéis de diferentes tamanhos, e recebi então uma fita da engenharia de som em que um engenheiro está dizendo num teste: Number nine, number nine, number nine. Quando tocadas de trás para diante, as palavras soam mais como 'turn me on, dedmun', simplesmente uma estranha coincidência."

PISTA: A capa do álbum de *Abbey Road* apresenta os Beatles caminhando para um cemitério com John Lennon enfarpelado como um clérigo anglicano, Ringo Starr como o papa-defuntos, George Harrison como o coveiro e Paul McCartney como o cadáver descalço – como os corpos são freqüentemente sepultados em muitas culturas.

Os Beatles estão saindo dos estúdios da gravadora EMI, perto de Sir John's Wood em Londres, que não fica nas vizinhanças de nenhum cemitério. O fotógrafo Ian Macmillan insistiu enfaticamente que cada Beatle estava usando suas roupas típicas e, como estava um dia muito quente, Paul McCartney tirou os sapatos.

Na capa do álbum de *Abbey Road*, a chapa da matrícula de um Fusca estacionado indica "28IF" – a idade de Paul McCartney, 28 anos se (*if*) ele ainda estivesse vivo à época.

Quando *Abbey Road* foi lançado, em 1969, Paul McCartney estava com 27 anos, não com 28. O fotógrafo Macmillan insistiu em que o Volkswagen estava estacionado ali por mero acaso.

Nunca houve milhões de búfalos vagando pelos Estados Unidos.

O búfalo pode ser encontrado na Índia, nas Filipinas, nas Celebes e na África. O animal equivocadamente chamado búfalo nos Estados Unidos é, na realidade, o bisão norte-americano, um animal completamente diferente. O bisão tem 28 costelas e chifres separados e virados para cima. Em 1850, aproximadamente vinte milhões de bisões vagavam pelas planícies ocidentais da América do Norte. Os colonos europeus quase aniquilaram o bisão. Em 1889, somente 551 bisões foram encontrados nos Estados Unidos.

A cesariana não recebeu esse nome em alusão a Júlio César.

O termo *cesariana* deriva da *lex caesarea* ("lei da incisão") romana do século VII a.C., a qual estipulou que se uma mulher morresse antes de dar à luz seu bebê, este seria imediatamente retirado por meio de uma incisão. As incisões cesarianas em mulheres mortas – não em vivas – são feitas desde o século VIII a.C., centenas de anos antes de Júlio César nascer, cerca de 102 a.C. O historiador romano Plínio, o Velho, supôs incorretamente que César recebeu esse nome em alusão a *caeso matris utero* (latim para "o ventre cortado de sua mãe"), mas César não foi parido por meio de cesariana. Membros anteriores da família de César já tinham recebido esse onomástico, incluindo Lucius Julius César. Júlio César pode ter recebido o nome em homenagem a um ancestral, ou por causa de seu *caesius* (em latim, "olhos cinzentos azulados") ou cabeça cheia de *caesaries* ("farta cabeleira").

Comer cenoura não melhora a visão.

A cenoura contém caroteno, uma boa fonte de vitamina A. Embora a deficiência de vitamina A possa causar lesões no tecido epitelial do corpo (inibindo a produção do pigmento retiniano rodopsina e reduzindo a capacidade de enxergar na luz tênue), o corpo só pode usar uma quantidade limitada dessa vitamina, eliminando o resto que houver no organismo. Comer cenoura não melhorará a visão, mas pode ajudar a impedir danos nos tecidos epiteliais.

A Grande Muralha da China não é visível da Lua.

A Grande Muralha da China é visível da órbita ao redor da Terra. Entretanto, em 1969, o astronauta Alan Bean, que caminhou na Lua durante a missão *Apollo 12*, relatou que nenhum vestígio de qualquer objeto feito pelo homem é visível a poucos milhares de quilômetros da Terra, muito menos para alguém que esteja na superfície da Lua, situada a 384.400 km do nosso planeta. "A única coisa que você pode ver lá da Lua", escreveu ele numa carta para um colunista do *Oregon Journal* de Portland, "é uma bela esfera branca em sua maior parte (nuvens), um pouco de azul (oceano), manchas de amarelo (desertos) e aqui e ali alguma vegetação verde. Nenhum objeto feito pelo homem é visível nessa escala".

As pessoas não são escornadas até à morte durante as Corridas de Touros.

Entre 1924 e 2004, treze pessoas foram escornadas até à morte durante a anual corrida de touros em Pamplona, Espanha. Isso significa, em números redondos, uma morta a cada seis anos. O percurso de cerca de oitocentos metros é feito diariamente por uma semana, durante a feira de San Fermin, em julho – quando jovens e hordas de turistas correm à frente dos touros pelas estreitas ruas da cidade. A corrida de touros, conhecida como *el Encierro,* acontece em Pamplona desde 1581 e ficou mundialmente famosa graças ao romance de Ernest Hemingway, *O sol também se levanta* (1926). Todos os anos, porém, há participantes chifrados e seriamente feridos durante o evento. Só em 2004, 16 pessoas foram colhidas pelos touros e outras quarenta tiveram que ser hospitalizadas.

S.O.S. não significa "Save Our Ship".

S.O.S., o sinal do código Morse internacional para pedido de socorro, não simboliza, nem representa "Salvem o nosso barco". As letras S.O.S. foram adotadas por acordo internacional em 1908 porque são fáceis de transmitir. A letra S é transmitida como três pontos. A letra O como três traços. A palavra internacional adotada como sinal para um apelo de socorro por rádio ou telefone é "Mayday", derivada da palavra francesa *m'aidez* (me ajudem).

Charles Lindbergh não foi a primeira pessoa a cruzar o Oceano Atlântico num vôo sem escalas.

O aviador americano foi a primeira pessoa a realizar a travessia do Oceano Atlântico num vôo solo sem escalas. O seu vôo de 1927 em *The Spirit of St. Louis*, da cidade de Nova York até Paris, levou 33 horas e 30 minutos. Em 1919, oito anos antes da famosa jornada de Lindbergh, dois aviadores britânicos, o capitão John Alcock e o tenente Arthur Whitten Brown, co-pilotaram um bimotor Vickers Vimy em um vôo sem escalas, desde Newfoundland, Canadá, até Clifden, na Irlanda, em 16 horas e 17 minutos. Alcock e Brown foram agraciados cavaleiros pelo rei Jorge V da Inglaterra.

A pelve não é um osso grande abaixo da cintura.

A pelve é composta de cinco ossos: o cóccix, os três ilíacos – ílio, ísquio e púbis – e o sacro. A pelve feminina, mais plana e mais ampla do que a masculina, tem uma cavidade central maior que forma parte do canal natal. Elvis Presley era conhecido como "Elvis the Pelvis" pelo modo provocante como agitava os quadris.

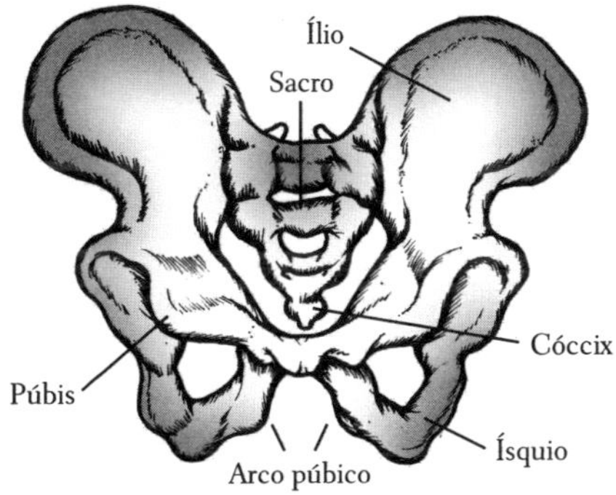

Henry Ford não foi o idealizador da linha de montagem na produção de automóveis.

Ransom E. Olds implementou a linha de montagem estacionária em 1902 na sua Olds Motor Vehicle Company. As peças eram passadas de um operário para outro até o local onde eram montadas. Para reduzir os custos de produção, Henry Ford aperfeiçoou a idéia de Olds, implantando o sistema de esteira transportadora em sua fábrica em 1913.

Adolf Hitler não criou a suástica.

A suástica, uma cruz com as extremidades dos braços dobradas em ângulo reto na direção oposta à dos ponteiros do relógio, é um antigo símbolo religioso de boa sorte. A suástica (do sânscrito *svastika*) era usada na cerâmica da Grécia antiga e em moedas da Mesopotâmia, em artefatos celtas e escandinavos e em objetos artísticos e religiosos da Índia, China, Bizâncio, Egito e América pré-colombiana. Hitler apropriou-se da suástica e usou sua imagem no espelho como símbolo para o III Reich, fazendo com que se tornasse um dos mais odiados símbolos na história da humanidade. Desde 1945, passou a ser ilegal exibir a suástica na Alemanha.

A Groenlândia não é verde.

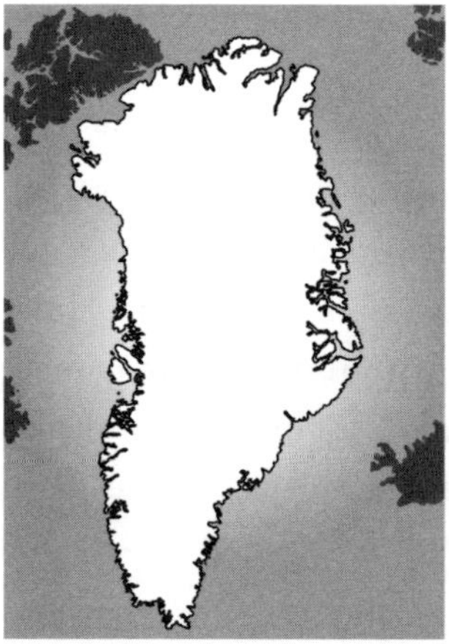

Somente a faixa costeira da Groenlândia é verde – e apenas no verão. Um lençol de gelo de 1.000 pés de espessura média cobre 84% da Groenlândia, a maior ilha do mundo. (Os geógrafos classificam a Austrália, que é maior do que a Groenlândia, como um continente.) Em 982 da nossa era, o explorador norueguês Eric, o Vermelho, descobriu a ilha e chamou-lhe Greenland (Terra verde), para torná-la mais atraente aos olhos de possíveis colonizadores. Greenland não é verde e já deixou de se chamar assim. Em 1º de maio de 1979, foi concedida autonomia interna à Groenlândia, colônia dinamarquesa desde 1721, e seu nome mudou para o esquimó Kalaallit Nunaat.

O dia cristão de repouso nem sempre foi o domingo.

Durante os três primeiros séculos após a morte de Jesus, os cristãos observaram o sabá judaico – como os judeus ainda o fazem – no sábado. Nessa época, os romanos celebravam o dia de descanso no domingo em honra ao deus pagão Mitras. Depois que o imperador romano Constantino se converteu ao Cristianismo em 312 d.C., o Primeiro Concílio de Nicéia, realizado em 325, aboliu a observância cristã do dia de descanso no sábado e transferiu-o para domingo – usurpando assim o feriado mitraico e distanciando o Cristianismo do Judaísmo.

Cleópatra não era egípcia.

Cleópatra era parte macedônia, parte grega e parte iraniana. Filha mais velha do rei egípcio Ptolomeu XIII, ela governou o Egito na época de Júlio César e Marco Antônio. Embora tenha sido retratada em filmes por mulheres tão belas como Theda Bara (1917), Claudette Colbert (1934), Vivien Leigh (1945), Hedy Lamarr (1957) e Elizabeth Taylor (1960), a real Cleópatra tinha feições de passarinho – de acordo com o seu retrato em moedas cunhadas entre 51 e 30 a.C.

Os Estados Unidos não foram o primeiro país a pousar na Lua.

Em 1959, dez anos antes de os Estados Unidos se tornarem o primeiro país a colocar um homem na Lua, a União Soviética lançou o *Luna 2*, a primeira sonda espacial não-tripulada a pousar em solo lunar, onde se destroçou em conseqüência do choque. Em fevereiro de 1966, a *Luna 9* soviética fez um pouso suave na Lua e enviou as primeiras fotografias diretamente de sua superfície. Em junho de 1966, *Surveyor 1* tornou-se a primeira nave espacial norte-americana a realizar um pouso suave na Lua.

O concerto de Woodstock de 1969 não aconteceu em Woodstock, Nova York.

O concerto de três dias, inicialmente planejado para Woodstock, Nova York, teve lugar a mais de 70 km a sudoeste de Woodstock, na fazenda de Max Yasgur, situada na cidade de Bethel, no condado seguinte do estado de Nova York. A companhia que produziu o concerto chamava-se Woodstock Ventures, com sede no local originalmente previsto para o evento.

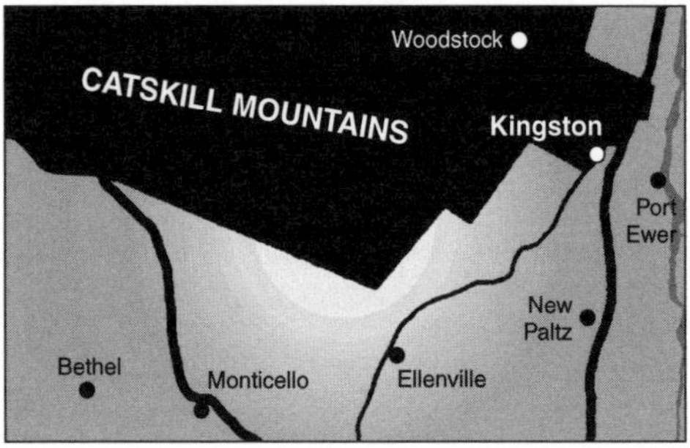

Nem todos os mamíferos dão à luz seus filhotes.

Um mamífero é definido como um animal de sangue quente, dotado de coluna vertebral e pêlo, que alimenta seu filhote com o leite materno. Um pequeno grupo de mamíferos conhecidos como monotremados põe ovos com uma casca coriácea. Os únicos monotremados são as eqüidnas (cinco espécies de comedores de formigas, cuja pelagem dorsal espinhosa lembra a dos ouriços) e os ornitorrincos de bico-de-pato – todos nativos da Austrália, Nova Guiné e Tasmânia.

Noé não colocou dois animais de cada espécie a bordo da Arca.

De acordo com a história bíblica no Livro do Gênesis, Noé recebeu a bordo da Arca sete pares de cada animal limpo, dois de cada animal imundo e sete pares de cada ave dos céus. Os animais limpos eram os adequados para uso, como sacrifícios a Deus. O número de aves era "para se conservar a semente sobre a face da terra".

A Constituição dos Estados Unidos não exige que todos os presidentes norte-americanos nasçam nos Estados Unidos.

A Constituição dos Estados Unidos estabelece que o Presidente dos Estados Unidos deve ser um cidadão natural do país ou que, na época em que a Constituição foi adotada, em 21 de julho de 1788, tenha pelo menos 35 anos de idade e resida nos Estados Unidos há, no mínimo, catorze anos (Artigo II, Seção 1). Como a independência dos Estados Unidos foi proclamada em 4 de julho de 1776, nenhum cidadão natural podia ser eleito presidente do novo país até 4 de julho de 1811. O primeiro presidente nascido nos Estados Unidos foi o oitavo, Martin van Buren, nascido em 5 de dezembro de 1782.

O Big Ben não é a torre do relógio em Londres.

Big Ben é o nome do maior sino na torre do relógio do edifício do Parlamento em Londres. O sino de treze toneladas, instalado em 1859, recebeu esse nome em alusão a *sir* Benjamin Hall, o comissário de obras públicas na época, que era alto, robusto e apelidado Big Ben. O nome oficial da torre do relógio é Clock Tower.

Nem todos os graduandos de Medicina fazem o juramento de Hipócrates.

Não é legalmente exigido dos graduandos de Medicina que façam o juramento de Hipócrates, uma expressão da ética médica atribuída ao antigo físico grego Hipócrates (cerca de 460-370 a.C.). O juramento de Hipócrates pede a um médico que jure por Apolo e todos os deuses e deusas do Olimpo que cuidará dos filhos de seu professor como se fossem seus próprios irmãos, ensinar-lhes-á medicina gratuitamente, não dará a nenhuma mulher um instrumento para produzir aborto e não cortará uma pessoa que sofra de pedra nos rins. Considerado pelos homens de saber o pai da medicina moderna, Hipócrates acreditava erroneamente que o que circulava nas veias era ar, não sangue, e que os vapores segregados no corpo por alimentos indigestos causavam doenças.

Istambul não se chamava originalmente Constantinopla.

Istambul – a maior cidade da Turquia e a única cidade importante do mundo localizada em dois continentes – foi fundada pelos gregos em 660 a. C. e chamou-se originalmente Bizâncio. Em 330 d.C., Constantino I, imperador romano, fez de Bizâncio a sua capital e rebatizou-a com o seu próprio nome. Em 1453, os turcos otomanos conquistaram Constantinopla, fizeram da cidade a capital do Império Otomano e chamaram-na de Istambul.

Marco Pólo não descobriu o macarrão na China nem o lançou na Itália.

Os etruscos já tinham *pasta* – feita de farinha e água – desde o quarto século a.C. Os egípcios, gregos e romanos antigos já conheciam *pasta* há milhares de anos. Em seu livro de 1298, *Uma Descrição do Mundo*, Marco Pólo conta como as pessoas na China comiam *vermicelli, lasagna* e *tagliarino* – indicando assim que os italianos já estavam familiarizados com as *pastas*. Um número de 1929 de *The Macaroni Journal,* uma revista comercial, divulgou a invencionice de que Marco Pólo tinha levado o macarrão da China para a Itália em 1295.

Águas oceânicas não penetram no Canal do Panamá.

O Canal do Panamá está situado a aproximadamente 25 metros acima do nível do mar, sua água é doce, proveniente de rios e lagos que deságuam no Lago Gatún, e é formado por uma represa no rio Chagres. A água doce corre do Canal para os Oceanos Atlântico e Pacífico. As Comportas Gatún – um conjunto de câmaras cheias de água – fazem subir os navios que vêm do Atlântico. As Comportas Miraflores e as Comportas Pedro Miguel erguem os navios provenientes do Pacífico.

Galileu Galilei não inventou o telescópio.

Em 1608, o óptico holandês Hans Lippershey inventou o primeiro telescópio registrado na história. Depois de tomar conhecimento da invenção de Lippershey, o astrônomo italiano Galileu Galilei construiu o seu próprio telescópio em 1609 e foi pioneiro em seu uso em astronomia, quando descobriu quatro das luas de Júpiter. O mais poderoso telescópio feito por Galileu ampliava os objetos somente 33 vezes.

São Patrício não nasceu na Irlanda.

São Patrício (ou Patrick), o padroeiro da Irlanda, nasceu por volta de 389 da nossa era na Grã-Bretanha, então sob ocupação romana, numa cidade a que deu o nome de Bannavem Taberniae. Os estudiosos especulam que ela estava localizada ou em Dunbaron-on-the-Clyde, ou em Cumberland, perto da Muralha de Adriano, ou na foz do rio Severn. Piratas capturaram Patrício com 16 anos de idade durante uma incursão e o venderam como escravo na Irlanda. Patrício conseguiu fugir após seis anos de servidão e, decidido a converter os irlandeses ao Cristianismo, estudou no mosteiro da ilha francesa de Lérins, retornando à Irlanda em 431 da era cristã.

A entrada para a Baía de San Francisco é chamada Golden Gate, mas não por ser o portão de entrada para campos de ouro.

O explorador John C. Frémont deu à entrada da Baía de San Francisco o nome de Golden Gate (Portão de Ouro), em 1846, dois anos antes de James W. Marshall descobrir ouro no moinho de John Sutter, no Vale de Sacramento. Frémont deu-lhe o nome de Portão de Ouro por alusão ao Corno-de-Ouro, o braço do Bósforo que dá acesso a Istambul, Turquia, porque a entrada para a Baía de San Francisco lhe recordou a de Istambul. Em 1856, Frémont tornou-se o primeiro candidato republicano à presidência dos Estados Unidos, mas perdeu a eleição para James Buchanan. A ponte de Golden Gate, construída sobre a baía, foi concluída em 1937.

Os chineses não inventaram o riquixá.

Por volta de 1870, um missionário ocidental que vivia no Japão criou o riquixá. O inventor foi identificado como o missionário W. Goble (de acordo com o livro de C.Roper, *Zigzag Travels,* de 1895), ou como o Reverendo Jonathan Scobie, que, segundo se afirma, projetou o riquixá para ter sua esposa inválida transportada pelas ruas de Yokohama.

O riquixá baseia-se na *brouette* francesa do século XVIII, uma espécie de liteira com rodas, e o nome original japonês para esse meio de condução era *jinrikisha,* uma combinação das palavras japonesas *jin* (homem), *riki* (força) e *sha* (veículo).

O *blackout* de Nova York em novembro de 1965 não causou um substancial aumento da taxa de natalidade nove meses depois.

Os registros mostram que 13,9% dos bebês nascidos na cidade de Nova York em 1966 vieram ao mundo entre 27 de julho e 14 de agosto. A percentagem de bebês nascidos durante o mesmo período de 19 dias nos cinco anos precedentes situou-se entre 13,9 e 14,1%.

O som não viaja à velocidade do som.

Velocidade do som é coisa que não existe.O som viaja a diferentes velocidades, dependendo da temperatura e do meio que ele está atravessando. Quanto mais denso e mais comprimido for esse meio, mais rápido o som viaja. Em condições atmosféricas normais, o som viaja a 742 milhas por hora no nível do mar, quando a temperatura é de zero grau. O som viaja cerca de quatro vezes mais veloz através da água do que do ar, e cerca de 15 vezes mais rápido através do aço.

Moisés não escalou só duas vezes o Monte Sinai.

No filme *Os Dez Mandamentos*, estrelado por Charlton Heston, Moisés escala o Monte Sinai duas vezes. Entretanto, no bíblico Livro do Êxodo, Moisés subiu o Sinai pelo menos sete vezes. A primeira vez, Deus oferece fazer dos israelitas um povo eleito. A segunda vez, Moisés diz a Deus que os israelitas aceitam a oferta. A terceira vez, Deus instrui Moisés para fixar limites, de sorte que os israelitas não escalem a montanha. Depois que Deus proclamou os dez mandamentos para todos os que estavam no sopé de Monte Sinai, Moisés subiu à montanha pela quarta vez e recebeu os mandamentos que formam o Livro da Aliança. Na quinta vez, Moisés sobe e permanece na montanha por quarenta dias e quarenta noites, quando recebe as duas placas de pedra escritas pelo dedo de Deus. Depois de descobrir que as pessoas estavam adorando o Bezerro de Ouro, Moisés destrói as placas e escala a montanha uma sexta vez para expiar os pecados do povo. No sétimo dia, ele leva consigo duas pedras talhadas e passa outros quarenta dias e quarenta noites na montanha.

O Rei João I não assinou a Magna Carta.

O Rei João I, também conhecido por João Sem Terra, nunca assinou a Magna Carta, o famoso documento que colocou o Rei da Inglaterra sob a alçada da lei, controlou decisivamente o poder real e desenvolveu a idéia de devido processo legal. Os estudiosos debatem se o monarca sequer sabia escrever. Ele timbrou, porém, o documento com o seu selo em 1215 da era cristã, em Runnymede.

George Washington nunca usou dentes postiços de madeira.

Os dentes e a base inferior das próteses dentárias de George Washington eram esculpidos em marfim. A placa superior era feita de ouro. As próteses estão em exibição no Museu Nacional de História e Tecnologia da Instituição Smithsoniana, em Washington D.C.

Os Irmãos Grimm não escreveram os *Contos de Fadas* dos Grimm.

Jacob e Wilhelm Grimm compilaram contos de fadas tradicionais de coleções previamente publicadas e reuniram narrativas do folclore, ouvidas de camponeses contadores de histórias. Os próprios Grimms nunca criaram qualquer das histórias que publicaram. Editaram a sua coleção em 1812, na Alemanha, sob o título de *Kinder-und Hausmärchen* ("Contos Infantis e Familiares").O livro foi traduzido para o inglês como *Grimm's Fairy Tales.*

Charles Darwin não criou a teoria da evolução.

Nos séculos VI e V a.C., os filósofos gregos Anaximandro e Empédocles tinham, cada um deles, delineado uma teoria da adaptação. Desde meados do século XVII e durante todo o século XVIII, em pleno surto iluminista, não faltaram as idéias e proposições em torno da transformação, adaptação ou evolução dos seres orgânicos. O filósofo alemão Gottfried Leibniz (1646-1716) e o cientista inglês *sir* Isaac Newton (1642-1727) sugeriram teorias de elos mutantes. Os naturalistas franceses Georges Buffon (1707-1788) e Barão Georges Cuvier (1769-1832) concluíram que a vida na Terra tinha passado por uma série de mudanças. O avô de Charles Darwin, o naturalista Erasmus Darwin, propôs uma teoria da evolução em seu livro de 1794, *Zoonomia.* Em 1809, o ano em que Charles Darwin nasceu, o naturalista francês Jean-Baptiste Lamarck formulou a primeira teoria completa da evolução. Em 1858, o naturalista inglês Alfred Russel Wallace enviou a Darwin um estudo em que expôs as bases da teoria evolucionista, incluindo o processo de seleção natural. Em 1859, Darwin popularizou a teoria em seu livro *A Origem das Espécies Por Meio de Seleção Natural*. Na terceira edição do livro, ele credita Aristóteles por ter sido o primeiro a ventilar a idéia de seleção natural.

A *Enciclopédia Britânica* não é britânica.

O gráfico escocês Colin Macfarquhar, o ilustrador escocês Andrew Bell e o erudito escocês William Smellie publicaram a primeira edição da *Enciclopédia Britânica* em 1768, na Escócia, completando uma centena de fascículos em 1771. Os britânicos envolveram-se na 11ª edição (1910) como sócios dos americanos. A companhia Sears Roebuck foi proprietária da *Enciclopédia Britânica* de 1928 até 1943, quando a Universidade de Chicago a comprou.

Os chapéus panamá não vêm do Panamá.

Os chapéus panamá tiveram sua origem na cidade de Jipijapa no Equador, onde eram feitos com as folhas da árvore *Carludovica palmata*. Poucos panamenhos usam chapéus panamá. Os chapéus receberam esse nome durante o século XIX, quando o Panamá se tornou a base de embarque dos chapéus do Equador para outros países.Tiremos, pois, nossos chapéus para o Equador!

Placa e tártaro não são a mesma coisa.

A placa é uma película pegajosa de mucosidade que aloja bactérias sobre os dentes. As bactérias digerem carboidratos, mas também produzem um ácido que dissolve o esmalte dos dentes, produzindo cavidades. Escovar os dentes e usar fio dental ajudam a remover a placa. Quando esta não é removida, forma-se ao longo da borda das gengivas o tártaro, que é uma incrustação composta de secreções salivares, resíduos de alimentos e sais como o carbonato de cálcio. Se a placa e o tártaro não forem removidos, causam a irritação das gengivas, resultando em gengivite (inflamação das gengivas).

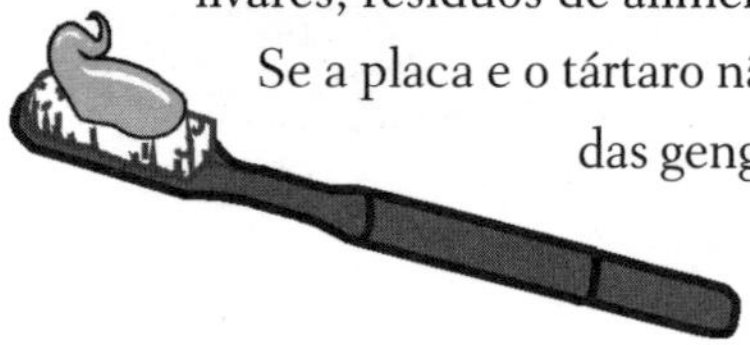

Os pingüins não vivem apenas em climas gelados.

Alguns pingüins vivem em colônias perto do Equador, nas ilhas Galápagos de Fernandina e Isabela (com uma temperatura média entre 15ºC e 30ºC). Outros pingüins magalhânicos vivem em colônias na temperada costa sudoeste da África do Sul, 70 km a leste da Cidade do Cabo, perto de Stoney Point (com uma temperatura média entre 10ºC e 25ºC). E todas as primaveras, mais de um milhão de pingüins magalhânicos migram da Antártida para Punta Tombo, na Argentina, para acasalar durante seis meses (com uma temperatura média entre 8ºC e 20ºC).

O chop suey não foi inventado na China.

O chop suey tem sua origem nos Estados Unidos. Uma versão afirma que um cozinheiro chinês num acampamento de mineração da Califórnia fez um estufado de sobras e chamou-o "chop suey" – uma transliteração fonética da frase cantonesa *tsai sui* (que significa "miscelânea de pedaços").Uma outra versão sustenta que em 1896, em Nova York, um dos três *chefs* do embaixador chinês Li Hung-chang preparou esse prato a fim de apaziguar os paladares dos convidados americanos e chineses de seu patrão. Em qualquer dos casos, o chop suey é tão americano quanto a torta de maçã.

Luas não gravitam somente em torno de planetas.

Se bem que a órbita de luas seja, na maioria dos casos, em torno de planetas, os asteróides também têm luas. Em 1994, a sonda espacial *Galileo* descobriu uma lua com um diâmetro de 1.450 metros, gravitando em torno do asteróide 243 Ida, de 52 km de comprimento. A lua recebeu o nome de Dactyl.

Isaías não profetizou que uma virgem daria à luz o Messias.

Quando a Bíblia hebraica foi traduzida para o grego em 70 a.C., a palavra hebraica *almah* (que significa "mulher jovem") foi traduzida para a palavra grega *parthenos* (que significa "mulher jovem" ou "virgem"). Por conseguinte, o autor do Evangelho de Mateus, usando uma Bíblia grega, interpretou erroneamente o versículo do Livro de Isaías, "uma jovem conceberá" como "a virgem conceberá" (Isaías 7:14). A palavra hebraica para virgem é *bethulah*, que aparece muitas vezes na Bíblia hebraica.

John F. Kennedy não foi o mais jovem presidente dos Estados Unidos.

Theodore Roosevelt foi o mais jovem presidente dos Estados Unidos. Tinha 42 anos no dia de sua posse como presidente em 1901, após o assassinato de William McKinley. John F. Kennedy foi o homem mais jovem a ser *eleito* presidente. No dia de sua posse, em 1961, ele estava com 43 anos.

Quem disse isso?

"Toque de novo, Sam."

Humphrey Bogart nunca disse essa frase em qualquer de seus filmes. Em *Casablanca*, Ingrid Bergman diz, "Play it, Sam", mas ninguém no filme diz "Play it again, Sam". *Play It Again, Sam* é o título de um filme de Woody Allen, de 1972, satirizando *Casablanca*.

"Elementar, meu caro Watson."

Sherlock Holmes nunca proferiu essas palavras em qualquer dos quatro romances ou 56 histórias de *sir* Arthur Conan Doyle sobre o seu famoso detetive. No conto "The Crooked Man", cuja primeira edição foi em 1893, Holmes responde "Elementar" a Watson. Somente nos filmes, Basil Rathbone, interpretando Sherlock Holmes, diz "elementar, meu caro Watson".

"Não pergunte o que o seu país pode fazer por você; pergunte o que você pode fazer pelo seu país."

O Presidente John F. Kennedy proferiu essa famosa frase em seu discurso de posse em 1961, mas não foi a primeira pessoa a expressar essa idéia. Em 1884, Oliver Wendell Holmes, Jr., em um discurso em Keene, New Hampshire, disse: "Façamos uma pausa para lembrar o que o nosso país fez por cada um de nós e perguntar o que, em paga, podemos fazer pelo nosso país." Em 1916, na Convenção Nacional Republicana, Warren G. Harding disse: "Na grande realização, devemos ter uma cidadania menos interessada no que o governo pode fazer por ela e mais ansiosa a respeito do que ela pode fazer pela nação." Num discurso exortatório no Líbano, o poeta Kahlil Gibran (1883-1931) perguntou: "É um político perguntando o que o seu país pode fazer por você, ou um cidadão zeloso perguntando o que pode fazer pelo seu país?"

"Mais bem-aventurado é dar do que receber."

Jesus nunca proferiu tal sentença em qualquer dos quatro evangelhos do Novo Testamento. São Paulo, que nunca conheceu Jesus pessoalmente, atribui essa sentença a Jesus em Atos 20:35.

"Há um babaca nascendo a cada minuto."

Embora se atribua tipicamente essa afirmação a P.T. Barnum, foi o banqueiro de Syracusa, David Hannum, quem realmente a fez, aludindo às multidões que faziam fila para ver a réplica no Circo Barnum do Gigante de Cardiff, um falso fóssil de um homem de três metros de estatura, supostamente descoberto em Cardiff, Nova York.

"Ai de mim, pobre Yorick, conheci-o bem!"

O verso que Shakespeare escreveu no *Hamlet* (Ato V, Cena I) é: "Pobre Yorick! Conheci-o bem, Horácio."

"A única coisa que temos de temer é o próprio medo."

Franklin Roosevelt disse essas famosas palavras em seu discurso de posse em 1933, mas a idéia foi expressa pela primeira vez na Bíblia hebraica: "Não temas o pavor repentino quando vier" (Provérbios 3:25). Em 1580, Michel de Montaigne escreveu nos *Ensaios*: "A coisa que mais temo é o medo." Em 1623, Francis Bacon escreveu em *De Augmentis Scientiarum*: "Nada é terrível, exceto o próprio medo." Em 1831, o Duque de Wellington disse ao Conde de Stanhope: "A única coisa de que tenho medo é do medo." Em 1851, Henry David Thoreau escreveu no seu *Diário*: "Nada é para ser mais temido do que o medo."

"Sobrevivência dos mais aptos."

Embora esta frase seja atribuída a Charles Darwin, foi o filósofo e cientista inglês Herbert Spencer quem realmente a criou em seu livro de 1851, *Social Statics*.

"De cada um de acordo com suas aptidões, para cada um de acordo com suas necessidades."

A citação acima não figura no *Manifesto Comunista*, como a maioria das pessoas pensa, mas na *Crítica do Programa de Gotha,* como paráfrase de uma citação de Louis Blanc, de *Organisation du Travail* (1840): "Que cada um produza de acordo com suas aptidões e sua força; que cada um consuma de acordo com sua necessidade."

"Discordo do que o senhor disse, mas defenderei até a morte o seu direito de dizê-lo."

Esta declaração, atribuída ao filósofo francês Voltaire, foi escrita por E. Beatrice Hall, em seu livro de 1907, *Friends of Voltaire,* como paráfrase de uma citação do seu *Tratado da Tolerância,* "Pense por si mesmo e deixe que outros também desfrutem do privilégio de assim fazer". O mais perto que Voltaire chegou da citação foi em uma carta para o padre A.M. DeRiche, em 1770: "Detesto o que o senhor escreve, mas daria minha vida para lhe assegurar a possibilidade de continuar a escrever."

"Lamento não ter mais de uma vida para perder pelo meu país."

O patriota americano Nathan Hale nunca disse essas famosas últimas palavras antes de ser enforcado pelos britânicos como espião em 22 de setembro de 1776. As últimas palavras de Hale, de acordo com o diário do Capitão Frederick Mackenzie, testemunha ocular britânico de sua execução, foram: "É um dever de todo bom oficial obedecer a quaisquer ordens que lhe sejam dadas pelo seu comandante-chefe." Entretanto, uma frase semelhante figura na peça teatral *Catão*, de 1713, do autor inglês Joseph Addison: "Que pena podermos morrer uma única vez a serviço de nosso país!" (Ato 1, Cena 4).

"Se você não suporta o calor, saia da cozinha."

Embora Harry S. Truman usasse a expressão para explicar por que não estava concorrendo à reeleição para um terceiro mandato em 1952, seu velho amigo Harry Vaughan foi o criador da sentença.

"O dinheiro é a raiz de todo o mal."

"Porque o *amor* ao dinheiro é a raiz de todos os males." Eis o que São Paulo escreveu (Primeira Epístola a Timóteo 6:10). Paulo não foi o primeiro a dizer isso. Três séculos antes do nascimento de Paulo, o filósofo grego Diógenes Laércio escreveu em *Diógenes*: "O amor ao dinheiro é a mãe de todos os males."

"Que comam brioches."

Não há provas de que Maria Antonieta tenha alguma vez dito essas palavras. Nas *Confissões,* escritas em 1766, Jean-Jacques Rousseau alude, sem citar nomes, a uma "*grande princesse*" em Grenoble que, "quando lhe disseram que os camponeses não tinham pão, replicara, que 'comam brioches'." Mas o incidente que Rousseau descreve ocorreu por volta de 1740, quinze anos antes do nascimento de Maria Antonieta. A história foi atribuída a Maria Antonieta desacreditá-la.

“Como quereis que os homens vos façam, assim fazei-o vós também a eles.”

Jesus não criou a Regra de Ouro, embora ela lhe seja atribuída no Novo Testamento (Mateus 7:12 e Lucas 6:31). Entre 551 e 479 a.C., o filósofo chinês Confúcio disse: “Faz aos outros o que por eles te seja feito.” O sábio rabínico Hilel, o Velho (cerca de 70 a.C.-10 d.C.) disse: “O que julgares odioso que te façam, não o faças ao teu vizinho.”

“Querida, esqueci de me esquivar.”

O Presidente Ronald Reagan disse isso a sua esposa, Nancy, em 31 de março de 1981, depois que a bala de um aspirante a assassino quase o matou. Entretanto, Reagan, ex-repórter esportivo do rádio, tomou essas palavras do pugilista Jack Dempsey, que as disse a sua esposa. Estelle Taylor, em 26 de setembro de 1926, ao perder seu título de campeão mundial dos pesos pesados para Gene Tunney.

Walt Disney, ao morrer, não teve seu corpo criogenicamente congelado e armazenado nos túneis sob a Disneylândia.

Walt Disney morreu em conseqüência de um câncer pulmonar em 15 de dezembro de 1966, e foi cremado dois dias depois no Forest Lawn Cemetery de Glendale, Califórnia. Suas cinzas foram inumadas no cemitério Court of Freedom, logo à esquerda do Freedom Mausoleum.

Os egípcios não inventaram o papel.

Os egípcios inventaram o papiro, feito prensando fatias muito finas de hastes de papiro até se obterem folhas sobre as quais se podia escrever. O papel, por outro lado, é feito de fibras de celulose. O primeiro papel, inventado na China em 105 da nossa era por Ts'ai Lun (ministro de obras públicas do imperador Ho-Ti), foi feito da casca da amoreira, redes de pesca, trapos e restos de cânhamo. A palavra *papel* é derivada da palavra *papyrus*. Antes do advento do papel, a maioria dos documentos era escrita em pergaminho (feito da pele de ovelha ou de cabra) ou velino (feito da pele de bezerro). Foi calculado que um único livro de trezentas páginas requeria as peles de dezoito ovelhas.

Usar Coca-Cola como ducha imediatamente após uma relação sexual não impede a gravidez.

Quando um homem ejacula durante a relação, o seu sêmen contém até quinhentos milhões de espermatozóides, os quais, nadando, imediatamente penetram no útero da mulher para atingir o óvulo. Quando o homem pode retirar seu pênis da vagina e a mulher pode lavar-se com uma garrafa de Coca-Cola, o esperma já teve tempo de sobra para penetrar e fertilizar o óvulo feminino.

O túnel sob o Canal da Mancha não é o mais extenso túnel ferroviário do mundo.

O túnel sob o Canal, que os ingleses apelidam de Chunnel, entre Cheriton na Inglaterra e Fréthun na França, tem 31 milhas de comprimento, das quais 24 são subaquáticas. O túnel ferroviário Seikan, entre as ilhas japonesas de Honshu e Hokkaido, tem 33,5 milhas de comprimento, das quais 14,5 milhas são subaquáticas. O Canal da Mancha é, porém, o mais extenso túnel ferroviário submerso do mundo.

Os Beatles não escreveram a canção "Lucy in the Sky with Diamonds" para formar as iniciais LSD.

John Lennon, que escreveu a canção, afirmou categoricamente durante sua vida que não intitulou intencionalmente a canção tendo as iniciais LSD em mente. Lennon, que admitiu livremente ter usado o ácido centenas de vezes, era famoso por sua franqueza e honestidade. Insistiu repetidas vezes que o título da canção fora inspirado por seu filho de quatro anos, Julian, que chegara um dia em casa com um desenho que tinha feito na escola, o qual retratava a sua colega de turma, Lucy O'Donnell, contra o pano de fundo de uma explosão de estrelas multicores, a que Julian chamou "Lucy no Céu com Diamantes". Lennon disse que não fazia a menor idéia de que o título formava a abreviatura LSD até que alguém lhe assinalou isso, depois de a canção já ter sido lançada.

Estrelas cadentes não são estrelas correndo em disparada pelo céu.

As estrela cadentes são meteoros, brilhantes traços luminosos que riscam o céu por breves instantes. Os meteoros resultam de quando meteoróides, fragmentos de matéria metálica ou rochosa, caem do espaço cósmico para a Terra e ardem em conseqüência do atrito ao entrar em contato com a atmosfera. Os meteoróides costumam arder completamente antes de atingir o solo, mas aqueles que caem na superfície são denominados meteoritos. A estimativa é de que duzentos milhões de meteoros podem ser vistos diariamente da Terra.

Nero não tocou violino enquanto Roma ardia.

O violino só foi desenvolvido na Itália 1.500 anos depois da morte de Nero. De acordo com o historiador romano Tácito, que viveu durante o reinado de Nero, quando o incêndio começou a devorar Roma em 64 d.C., Nero estava a 56 km da cidade, em sua *villa* de Antium. Tácito relatou que Nero correu de volta a Roma para ajudar a extinguir o incêndio. O imperador talvez tocasse lira, mas não violino, definitivamente.

Os pandas não são ursos.

Há dois tipos de pandas, o panda gigante, que parece um urso preto e branco, e o panda vermelho, um animal muito menor que se parece mais com um mão-pelada. A maioria dos zoólogos coloca ambos os pandas na família do mão-pelada, os Procyionidae. Embora alguns zoólogos incluam o panda gigante na família do urso, os Ursidae, outros insistem em que ele deve ser classificado em uma família separada, com características próprias. Diferente da do urso, a pata dianteira do panda tem um osso do pulso alongado que dota o animal com um sexto dedo e, ao invés do urso-preto, os pandas gigantes não hibernam e não podem andar sobre as patas traseiras.

Adão e Eva não comeram uma maçã da Árvore do Conhecimento no Jardim do Éden.

A Bíblia não menciona que fruta Adão e Eva comeram. Ela é simplesmente citada como "a fruta da árvore que está no meio do jardim". A única fruta que sabemos com certeza haver no Jardim do Éden é o figo, porque Adão e Eva cobrem mais tarde sua nudez com folhas de figueira. A idéia de que a fruta era uma maçã parece ter tido origem com Aquila Ponticus, que traduziu a Bíblia hebraica para o grego no século II da nossa era. Ele traduziu errado os versos "Debaixo da macieira te despertei; ali esteve com dores aquela que te deu à luz" como "Debaixo da macieira te despertei; aí foste corrompida". São Jerônimo (cerca de 342-420) traduziu a Bíblia grega para o latim, perpetuando o erro.

A Constituição dos Estados Unidos não dá aos cidadãos o direito de possuir armas para caçar.

A Segunda Emenda à Constituição dos Estados Unidos estabelece: "Sendo necessária à segurança de um estado livre uma milícia bem regulamentada, o direito da pessoa a manter e portar armas não será infringido." A Constituição confere aos cidadãos o direito a portar armas, a fim de que possam incorporar-se a "uma milícia bem regulamentada", cujo propósito é zelar pela segurança de um estado livre. O Congresso e os governos estaduais não estão proibidos de promulgar leis que impeçam os indivíduos de usar armas para outros fins, tais como caçar ou pôr em perigo a segurança de um estado livre.

A Praça Vermelha de Moscou não foi nomeada pelos comunistas.

Na Idade Média, muito antes da revolução bolchevista de 1905, a Praça Vermelha foi assim chamada porque a palavra russa correspondente, *krasnaya*, significa "vermelha e bela", pelo fato de a enorme praça estar pavimentada com tijolo vermelho.

Madeira petrificada não é madeira que virou pedra.

A água do lençol subterrâneo, rica em minerais, satura a madeira enterrada em sedimentos. Os minerais – tipicamente sílica, calcita e compostos de ferro – dissolvem a celulose nos poros e espaços abertos da madeira e tomam o seu lugar, preservando o formato e todos os detalhes da estrutura original da madeira. A madeira não se converteu em pedra; a madeira foi substituída pela pedra.

O *ukulele* não é originário do Havaí.

O *ukulele* é, de fato, uma ligeira variação do cavaquinho português, o qual, por sua vez, evoluiu a partir de uma pequena guitarra chamada machete, muito popular na Ilha da Madeira. Em meados do século XIX, marinheiros portugueses levaram o cavaquinho para as ilhas Sandwich (mais tarde rebatizadas como Havaí). Os havaianos chamaram o instrumento de *ukulele,* das palavras havaianas *uku* ("pulga") e *lele* ("saltona"). Do Havaí, o *ukulele* passou aos Estados Unidos, onde se tornou popular entre os jovens na década de 1920, e com o cantor Tiny Tim na década de 1960.

Indira Gandhi não foi a primeira mulher democraticamente eleita chefe de Estado.

Indira Gandhi, a primeira chefe de governo da Índia, não foi eleita para o cargo em 1966, nem foi chefe de Estado. Na Índia, o presidente, servindo como chefe de Estado, nomeia o primeiro-ministro (o líder do partido político com mais cadeiras no Parlamento) para chefe do governo. Vogdis Finnbogadóttir, eleita presidente da Islândia em 1980, foi a primeira mulher democraticamente eleita chefe de Estado. Indira Gandhi tampouco foi a primeira mulher a exercer no mundo o cargo de primeiro-ministro. Essa distinção coube a Sirimavo Bandaranaike, nomeada primeiro-ministro do Ceilão (hoje Sri Lanka) em 1960.

As Ilhas Canárias não têm esse nome por causa dos pássaros que nelas vivem.

Embora vivam canários nas Ilhas Canárias, os romanos chamaram ao arquipélago *insulae canariae* ("ilhas de caninos"), por serem habitadas por cães selvagens.O nome inglês para as ilhas virou Canary, que mais tarde se tornou o nome dos pássaros que também abundam nas ilhas. Assim, bizarramente, o nome dos pássaros significa "cão".

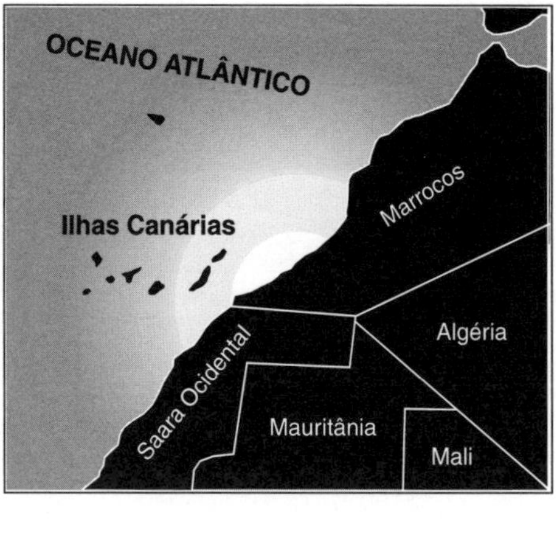

Hernán Cortés não foi o primeiro europeu a descobrir o Oceano Pacífico.

No seu popular soneto "On First Looking into Chapman's Homer", John Keats afirma incorretamente que Hernán Cortés foi quem viu primeiro o Oceano Pacífico desde o Istmo do Panamá. Cortés nunca pôs os pés no Panamá, embora tenha navegado ao longo da costa mexicana do Pacífico em 1535. O explorador espanhol Vasco Núñez de Balboa avistou o Pacífico desde o Istmo do Panamá vinte e dois anos antes, em 25 de setembro de 1513. Mas Balboa tampouco foi o primeiro europeu a avistar o Pacífico. Dois anos antes dele, o explorador português António de Abreu singrou nas águas do Pacífico, procedente do Oceano Índico. Em 1292, Marco, Niccolo e Maffeo Pólo, que realizaram a travessia da Ásia em caravana até à China, foram os primeiros europeus a ver o Oceano Pacífico, navegando desde Zaitun, na China, até Cingapura, via Mar do Sul da China.

A Proclamação de Emancipação não libertou os escravos.

A Proclamação de Emancipação, anunciada pelo Presidente Abraham Lincoln em 1º de janeiro de 1863, não libertou nenhum escravo. Na Proclamação, Lincoln declarou liberdade para todos os escravos somente nas áreas sob controle da Confederação. Os estados confederados, tendo-se separado da União, ignoraram a Proclamação de Lincoln, a qual não podia ser legalmente imposta pelo governo dos Estados Unidos. A Proclamação não libertou escravos nos estados da União. Permitiu-lhes que combatessem no exército e na marinha, mas os da União continuaram sendo de sua propriedade até dezembro de 1865, quando foi promulgada a Décima Terceira Emenda. A Proclamação fez com que a Guerra Civil parecesse uma cruzada contra a escravatura, o que incitou a Inglaterra e a França a apoiarem o Norte.

Nicolau Copérnico não foi a primeira pessoa a afirmar que a Terra gravita em torno do Sol.

No século III a.C., o astrônomo grego Aristarco de Samos propôs que a Terra gira em torno do seu próprio eixo e que também gravita ao redor do Sol. Embora nenhum de seus escritos sobre o assunto tenha sobrevivido, o seu contemporâneo, o matemático e inventor grego Arquimedes, citou sua idéia – mais de 1.700 anos antes de Copérnico ter postulado sua descoberta no livro *Das Revoluções das Esferas Celestes,* em 1543.

Copérnico

A técnica de resistência passiva de Mohandas Gandhi não foi inspirada pelo ensaio "Desobediência Civil", de Henry David Thoreau.

Gandhi usou pela primeira vez a resistência passiva em 1906, em um protesto contra o teor racista da Indian Registration Ordinance, promulgada pelo governo da África do Sul, onde ele trabalhava como advogado de uma firma indiana. Ele só viria a ler "Desobediência Civil" em 1907. Gandhi afirmou que sua técnica de resistência passiva – que ele preferia chamar *satyagraha* (em hindi, "força da alma" ou "força da verdade") – foi inspirada pelo Novo Testamento, pelo Bhagavad Gita e pelo romance *Ressurreição* de Leon Tolstoi, de 1899.

Os índios americanos não criaram o escalpelo.

No século V a.C., o historiador grego Heródoto atribuiu aos citas, um povo nômade da Rússia meridional, o bárbaro costume de escalpelar um inimigo. Na Inglaterra do século XI, Godwin, conde de Wessex, escalpelou seus inimigos. Os holandeses levaram essa prática para a América no século XVII. Colonos espanhóis, franceses, holandeses e ingleses ofereceram recompensas por escalpos de seus respectivos inimigos, e, na maioria das colônias americanas, os escalpos de índios eram pagos em dinheiro aos colonos. Em retaliação, os índios começaram a escalpelar os europeus, que então os responsabilizaram por ter iniciado essa prática.

O caratê não é originário do Japão.

No século V a.C., monges budistas na Índia usaram uma forma de caratê para se defenderem. No século VI d.C., um grupo chamado Hwarang-do praticou o caratê no país de Silla, que mais tarde passaria a se chamar Coréia. O caratê desenvolveu-se ainda mais em Okinawa, a maior das Ilhas Ryukyu, durante os séculos XV e XVI. Com sua terra ocupada pelos japoneses e proibidos de usar armas, os okinawanos começaram a aperfeiçoar as artes marciais, com a esperança de poderem um dia se sublevar contra os japoneses. Depois que Okinawa passou a ser uma província japonesa em 1879, o caratê propagou-se no Japão. Depois da Primeira Guerra Mundial, os japoneses começaram a popularizar o caratê no Ocidente.

Uma linha reta nem sempre é a distância mais curta entre dois pontos.

Quando se vai de um lado a outro do globo, a distância mais curta para uma viagem terrestre é um arco, a menos que se esteja planejando abrir um túnel para atravessar a Terra em linha reta.

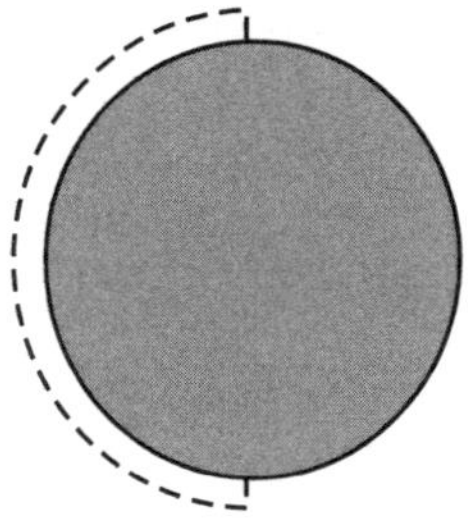

Categute não é feito de tripa de gato.

Virtualmente todos os fios de categute (do inglês *cat gut*=tripa de gato) são feitos dos intestinos de carneiro. Algumas cordas de categute foram feitas de intestinos de cavalo ou burro. O categute é usado há séculos para cordas de instrumentos musicais (e, mais recentemente, raquetes de tênis). Ninguém sabe a origem do nome, ou se alguma vez o categute teria sido feito de tripas de gato. Alguns etimologistas sugerem que o nome se refere ao som de "miado de gato no cio" (*caterwaul*) criado por músicos soturnos nesses instrumentos de corda.

O nome de Satã não é Lúcifer.

O nome Lúcifer aparece uma única vez na Bíblia: "Como caíste do céu, ó Lúcifer, estrela da manhã, filho da alva!" (Isaías, 14:12). O versículo refere-se a um arrogante rei da Babilônia que pretendia ascender ao céu para colocar seu trono acima das estrelas de Deus. São Jerônimo (cerca de 342-420 da nossa era) – notando que Isaías usa o epíteto "estrela da manhã", que Satã é visto "como um relâmpago brilhando de uma à outra extremidade do Céu" (Lucas 17:24) e que a palavra latina *Lucifer* significa "o que traz a luz matutina" – interpretou incorretamente o versículo como se Satã e Lúcifer fossem uma só e mesma entidade. O poeta inglês John Milton popularizou essa interpretação errônea, em 1667, no seu poema épico *Paraíso Perdido*, no qual Satã é também chamado de Lúcifer.

A bandeira dos Estados Unidos não teve sempre treze listras.

A primeira bandeira dos Estados Unidos, adotada pelo Congresso em 14 de junho de 1777, tinha treze listras e treze estrelas, representando cada uma das treze colônias originais. Depois que Vermont se tornou o décimo quarto estado, em 1791, e Kentucky o décimo quinto, em 1792, o Congresso adicionou mais duas estrelas e mais duas listras à bandeira, em 1795. Quando mais cinco estados se juntaram à União, o Congresso determinou que, depois de 4 de junho de 1818, a bandeira reverteria permanentemente às treze listras.

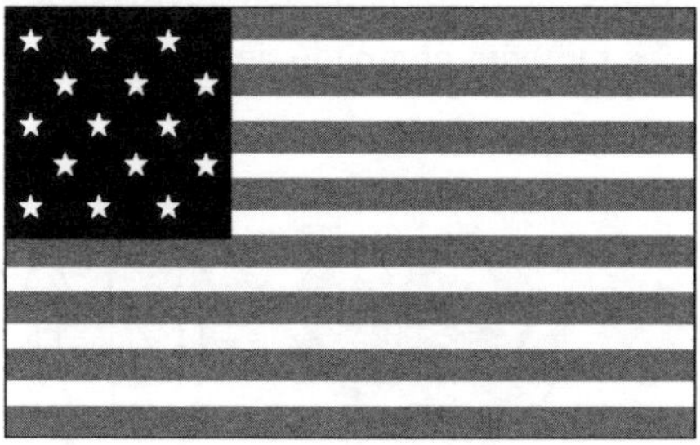

Uma vaca da Sra. O'Leary não chutou um lampião e deflagrou o Grande Incêndio de Chicago de 1871.

Anos depois, o repórter Michal Ahern confessou que tinha inventado essa história para tornar mais interessante o seu relato do incêndio. O fogo começou, entretanto, no estábulo da Sra. Patrick O'Leary – mas não por culpa da vaca – na zona sudoeste da cidade, ao cair da noite de 8 de outubro de 1871. O fogo, atiçado por fortes ventos, propagou-se para norte e leste, lavrando por mais de 24 horas, matando mais de trezentas pessoas, destruindo o centro de Chicago e deixando cerca de noventa mil pessoas sem lar.

Pompéia não foi destruída pela lava em fusão do Monte Vesúvio.

Em 79 d.C., vapores tóxicos e cinzas da erupção do Monte Vesúvio cobriram Pompéia. Os vapores mataram uma estimativa de duas mil pessoas, logo cobertas por uma camada de seis metros de cinzas, que endureceram ao misturar-se com a água da chuva. Em 1748, o engenheiro Roque Joachim de Alcubierre, ao inspecionar um túnel para o rei de Nápoles, redescobriu Pompéia e os corpos engessados das vítimas em fuga, e suas posturas e expressões faciais horrivelmente preservadas.

Leonardo da Vinci não pintou a Mona Lisa.

Leonardo da Vinci deu ao seu quadro o título de *La Gioconda*, porque a mulher que posou para o retrato era a esposa de Francesco Del Giocondo, um mercador de Florença. De acordo com Giorgio Vasari (1511-1574), um dos primeiros biógrafos de Leonardo, a mulher era conhecida localmente como Madonna Lisa, ou Mona Lisa, para abreviar. A canção "Mona Lisa", de Nat King Cole, do filme *Captain Carey U.S.A*, de Alan Ladd, atingiu o primeiro lugar nas paradas e ganhou o prêmio da Academia para a Melhor Canção do Ano de 1951, ajudando a popularizar o nome incorreto para a pintura.

Henry Ford não inventou o automóvel.

Em 1769, o capitão do Exército francês Nicolas-Joseph Cugnot fez funcionar com êxito um veículo de três rodas, tendo o vapor como força motriz. Por volta de 1863, o inventor belga Jean-Joseph-Etienne Lenoir fez funcionar com êxito um veículo movido a gás, cuja velocidade atingia cinco quilômetros por hora. Em 1885, Karl Benz de Mannheim, Alemanha, inventou um veículo de três rodas equipado com motor a gasolina. Nesse mesmo ano, Gottlieb Daimler de Stuttgart, Alemanha, equipou uma motocicleta com o seu motor a gasolina. Em 1888, o inventor inglês J. K. Harlwey e Fred M. Kumball construíram o primeiro automóvel elétrico. Em 1893, Charles e Frank Duryea apresentaram o primeiro automóvel americano movido a gasolina. Três anos mais tarde, Ford inventou o seu automóvel a gasolina.

Os alemães não são arianos.

Eram arianos os povos que invadiram e se instalaram no Irã (nas vizinhanças do Mar Cáspio) por volta de 1500 a.C., falavam a língua ariana e migraram para a Europa e, a leste, para a Índia. A palavra ariano deriva do sânscrito *arya*, que significa "nobre". Em 1855, o conde francês Joseph Arthur Gobineau sugeriu, em seu controvertido ensaio *A Desigualdade das Raças Humanas*, que os povos nórdicos, com seu cabelo louro e olhos azuis, eram os legítimos herdeiros do "arianismo", uma teoria que carece de qualquer base científica. Adolfo Hitler e sua máquina de propaganda alteraram a teoria para afirmar que a pátria ariana pré-histórica estava situada no coração da Europa.

A porcelana de Dresden não é fabricada em Dresden.

A porcelana de Dresden é produzida na vizinha cidade de Meissen, sede da mais antiga fábrica de porcelana da Europa, estabelecida em 1710 por Augusto I, o Forte, príncipe eleitor da Saxônia e rei da Polônia. A porcelana de Meissen tornou-se conhecida como porcelana de Dresden no século XVIII. A porcelana fabricada em Dresden por Helena Wolfsohn, na década de 1870, é conhecida como Dresden Coroa e freqüentemente confundida com a porcelana de Meissen. A fábrica de Meissen continua produzindo porcelanas até hoje.

Diamantes não são eternos.

O diamante, feito de carbono puro e uma das mais duras e brilhantes substâncias conhecidas, sublima-se a uma temperatura extremamente elevada, convertendo-se diretamente de sólido em gás a 3.500°C.

Joana d'Arc não era uma pobre camponesa francesa.

Joana d'Arc ou, mais corretamente, Jeanne d'Arc, nasceu em 1412 em Domremy, parte do ducado independente de Bar, em Lorena, que só veio a unir-se ao reino da França em 1776. Era uma camponesa analfabeta, mas dificilmente se poderia considerá-la pobre. Seu pai, o agricultor Jacques d'Arc, era um dos cidadãos mais conceituados de Domremy.

A Torre de Londres não é uma torre.

A Torre de Londres é uma fortaleza amuralhada, cuja construção foi iniciada pelos normandos no século XI e que contém a Torre Beauchamp, a Torre do Sino, a Torre Sangrenta, a Torre Malmsey, a Torre Wakefield e a Torre Branca. Não há Torre de Londres na Torre de Londres.

Não é contra a cor vermelha que os touros investem.

Os touros são acromatópticos. Nas touradas, eles investem contra a capa vermelha dos matadores não porque a cor os provoque, mas porque vêem movimento e estão excitados pelas farpas que lhes cravaram entre as espáduas, e os gritos com que os matadores os açulam.

Na reprodução humana, um espermatozóide não pode fertilizar um óvulo.

Centenas de milhões de espermatozóides são necessários para fertilizar um óvulo humano. Cada espermatozóide segrega uma enzima chamada hialuronidase. Enormes quantidades de hialuronidase são necessárias para dissolver a membrana protetora em torno do óvulo não-fertilizado, a fim de que um espermatozóide possa chegar até ele e fertilizá-lo.

As laranjas da Flórida não são naturalmente cor-de-laranja.

As laranjas maduras da Flórida variam naturalmente de cor, desde ligeiramente verdes até o amarelo do pomelo. Para tornar as laranjas mais atraentes aos olhos dos consumidores, os manipuladores de alimentos mergulham os frutos amarelos das colheitas serôdias em corante vermelho e pulverizam os frutos verdes das colheitas precoces com gás etileno para matar a clorofila.

A Terra não está mais perto do Sol no verão.

A Terra está mais próxima do Sol por volta de 1º de janeiro e mais distante do Sol em julho. As estações são causadas pela inclinação do eixo da Terra, não pela distância da Terra em relação ao Sol. A inclinação do eixo da Terra dá ao Hemisfério Norte a luz solar mais direta (maior número de horas de luz diurna) entre março e setembro, enquanto que o Hemisfério Sul recebe a luz solar mais direta na outra metade do ano (outubro a fevereiro). Quanto mais direta for a luz do Sol, mais elevada a temperatura. É por isso que, quando é verão acima do equador é inverno abaixo do equador.

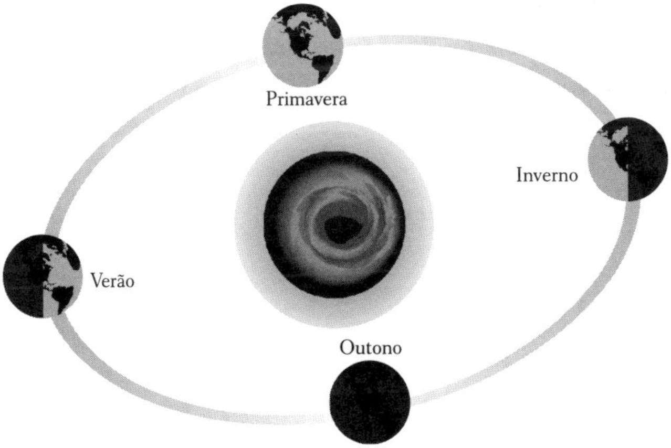

A famosa fotografia de soldados americanos hasteando a bandeira dos Estados Unidos em Iwo Jima durante a Segunda Guerra Mundial foi uma reencenação.

Em 23 de fevereiro de 1945, soldados americanos hastearam uma pequena bandeira americana sobre o Monte Suribachi, um posto de observação dos japoneses no interior da ilha de Iwo Jima. O sargento Louis Lowery, do serviço fotográfico dos Fuzileiros, bateu uma foto dessa primeira cerimônia do hastear da bandeira. Algumas horas depois, os fuzileiros decidiram substituir a pequena bandeira por outra muito maior. O fotógrafo Joe Rosenthal, da Associated Press, captou em filme as imagens dessa reencenação, e sua foto ganhou um Prêmio Pulitzer. O cinegrafista dos Fuzileiros, sargento Bill Genaust, também filmou a reencenação. Lamentavelmente, os japoneses não tardaram em reconquistar o Monte Suribachi, matando muitos dos fuzileiros que figuram na fotografia de Rosenthal. O Monumento em Memória dos Fuzileiros dos Estados Unidos Mortos na Guerra, localizado às margens do rio Potomac, em Washington D.C., baseou-se na fotografia de Rosenthal.

O papa não foi sempre infalível.

O papa só veio a ser formalmente declarado infalível em matérias de fé e moral a partir de 1870. Nesse ano, o Papa Pio IX fez o Concílio Vaticano I aprovar a doutrina da infalibilidade papal. Afirmou ele que, quando um papa fala *ex cathedra* (expressão latina que significa "em virtude do seu cargo") sobre matérias de fé e moral, conta com a assistência divina como sucessor de São Pedro, amparado na declaração de Jesus a Pedro no Novo Testamento: "Eu roguei por ti, para que a tua fé não desfaleça" (Lucas 22:32).

Pingue-pongue não é o nome do jogo.

"Ping-Pong" é a marca registrada de uma companhia britânica que fabrica equipamento para jogar tênis de mesa, que é o verdadeiro nome do jogo. No final da década de 1880, o engenheiro inglês James Gibb inventou o tênis de mesa, jogado originalmente com pequenas bolas feitas de rolhas de garrafas de champanhe e raquetes feitas de tampas de caixas de charutos, como versão miniatural do tênis para ser jogado dentro de casa.

Marco Pólo não foi o primeiro europeu a visitar a China.

Europeus já tinham visitado a China muito antes de Marco Pólo, inclusive seu pai, Matteo Pólo, e seu tio, Niccolo Pólo, que viajaram para a China em 1266. Marco Pólo iniciou aos 17 anos sua primeira viagem à China em 1271, acompanhando seu pai e seu tio na segunda viagem de ambos. Marco Pólo é mais lembrado que os seus parentes porque essa viagem lhe propiciou escrever, em 1298, *Descrição do Mundo* (hoje conhecido como *As Viagens de Marco Pólo*), o qual se tornou o livro mais lido na Europa desse tempo.

Monica Lewinsky não fez sexo oral com o Presidente Bill Clinton no Gabinete Oval.

Em 1998, Monica Lewinsky declarou sob juramento perante um júri de acusação que ela e o Presidente Clinton "nunca tiveram contato íntimo no Gabinete Oval". Ela depôs, entretanto, que fez sexo oral com o Presidente no corredor de acesso ao Gabinete Oval, num gabinete dos fundos e usualmente contra a porta fechada do banheiro.

O cabelo humano não continua a crescer depois da morte.

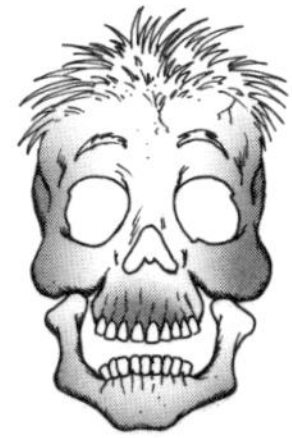

Após a morte, o corpo humano começa a ressecar e a encolher, o que torna visível maior quantidade de cobertura capilar e gera a falsa impressão de que o cabelo continuou a crescer.

O verdadeiro sobrenome de Adolf Hitler não era Schicklgruber.

O pai de Hitler, Aloïs, nasceu de mãe solteira, que se chamava Anna Schicklgruber. Estava Aloïs com cinco anos quando sua mãe casou com um moleiro chamado Johann Georg Hiedler. Hiedler assinou papéis declarando ser o pai de Aloïs. Este manteve o nome de solteira de sua mãe até aos trinta e poucos anos, quando o mudou então para Hiedler, que ele pronunciava Hitler. Com sua terceira mulher, Klara Pölzl, Aloïs teve três filhos; o terceiro nasceu em Braunau, na Áustria, e recebeu o nome de Adolf Hitler. Quando os adversários políticos de Hitler descobriram o escândalo de aldeia, passaram a apelidá-lo de Schicklgruber, como um insulto.

Atlas não sustenta o mundo em seus ombros.

Embora as obras-de-arte romanas e a escultura do Rockefeller Center em Nova York apresentem Atlas sustentando o mundo sobre os ombros, Zeus sentenciou o Titã grego a sustentar o céu – não a Terra – em seus ombros. De acordo com a *Teogonia*, atribuída ao poeta grego Hesíodo, Zeus condenou Atlas "a suportar para sempre sobre suas costas o cruel e esmagador peso do mundo e a abóbada celeste. Sobre seus ombros está o grande pilar que mantém separados a terra e o céu, uma carga nada fácil de suportar".

Tutancâmon não foi o mais rico de todos os faraós egípcios.

Os ladrões de sepulturas esvaziaram há séculos a maioria das tumbas dos faraós em Tebas, de modo que, quando o arqueólogo britânico Howard Carter descobriu a tumba de Tutancâmon em 1922, os tesouros encontrados em seu interior foram considerados um extraordinário achado. Entretanto, Tutancâmon, que se tornou faraó da XVIII dinastia ainda criança e morreu com 18 anos de idade, era um insignificante menino-rei cujo funeral, por imprevisto, foi organizado às pressas. Os tesouros encontrados dão apenas uma pálida idéia das tumbas de proeminentes faraós como Seti I, Nefertiti, Rainha Hatshepsut e Ramsés II.

O primeiro filme de longa-metragem todo falado não foi *O Cantor de Jazz* de Al Jolson.

Os primeiros filmes sonoros foram feitos sincronizando o projetor com o toca-discos. Em 1926, a Warner Brothers promoveu o relançamento do filme previamente mudo *Don Juan* com uma trilha sonora musical gravada pela Orquestra Filarmônica de Nova York. *O Cantor de Jazz*, lançado pela Warner Brothers em 1927 e estrelado por Al Jolson, era basicamente um filme mudo com números musicais precariamente sincronizados e algumas frases faladas. A Warner Brothers lançou o primeiro longa-metragem inteiramente falado, *Luzes de Nova York*, em 1928. No ano seguinte, a Twentieth Century Fox estreou *No Velho Arizona*, o primeiro filme de longa-metragem todo falado, com o som gravado diretamente sobre a pista óptica.

O Cabo da Boa Esperança não é a extremidade meridional do continente africano.

A ponta meridional da África é Cabo Agulhas – 160 quilômetros a sudeste do muito mais conhecido Cabo da Boa Esperança. Descoberta pelo explorador português Bartolomeu Dias, em 1488, a península que se salienta ao sul da Cidade de Cabo foi assim batizada pelo rei João II de Portugal, na esperança de que Dias tivesse encontrado a rota marítima para a Índia. Na mesma expedição, Dias descobriu o Cabo Agulhas.

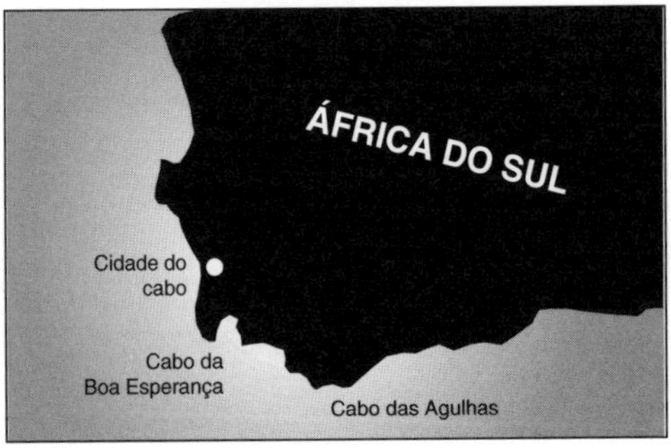

Stonehenge não foi construída pelos druidas.

Stonehenge, o antigo monumento megalítico na planície de Salisbury, em Wiltshire, Inglaterra, foi construído durante a Idade do Bronze e concluído aproximadamente em 1500 a.C. Os druidas chegaram à Grã-Bretanha mais de mil anos depois, durante a Idade do Ferro, em meados do século III a.C. No século XVII da nossa era, o antiquário inglês John Aubrey insistiu incorretamente que os druidas tinham construído Stonehenge, propagando essa idéia absurda.

O primeiro nome de Lênin não era Nikolai.

O nome real de Lênin era Vladimir Ilyich Ulyanov. Usou o pseudônimo de N. Lênin. O nome *Lênin* pode referir-se a rio Lena, na Sibéria. A inicial *N* não significa Nikolai, mas é um símbolo tradicional para o anonimato na escrita russa (representando talvez a palavra russa *nyet*), insinuando o fato de Lênin ser um pseudônimo. As pessoas supõem incorretamente que *N* significa Nikolai porque o pai de Lênin chamava-se Ilya *Nikolayevich* Ulyanov.

Os alemães não fizeram a primeira cerveja.

Não se sabe exatamente quando a cerveja começou a ser feita, mas o mais antigo registro de cerveja foi encontrado em uma plaqueta mesopotâmia (cerca de 7000 a.C.) inscrita com uma receita cuneiforme para o "vinho do grão". Os antropólogos acreditam que mesopotâmios e egípcios foram os primeiros a desenvolver o processo de maltagem (tornar a cevada mais adequada para a fermentação, mediante a germinação de suas sementes, desenvolvendo assim as enzimas que transformam o amido em açúcares fermentáveis). As tribos de europeus setentrionais só começaram a migrar para o que é hoje a Alemanha por volta de 1000 a.C. Os Vikings fizeram *bior* na Escandinávia e Júlio César encontrou as várias tribos das Ilhas Britânicas bebendo *ale* (um tipo de cerveja clara), quando ele e suas legiões romanas desembarcaram. É mais do que provável que monges gauleses tenham sido os primeiros a usar o lúpulo, que tem um efeito preservativo e aromático sobre a cerveja. Acredita-se que a palavra *beer* provém da palavra céltica *beor*, usada para descrever o malte produzido em mosteiros da Gália setentrional.

O Mar Morto não é um mar morto.

Embora o Mar Morto seja desprovido de peixe, não está morto, nem é um mar. Como uma massa de água cercada de terra, o Mar Morto – localizado na fronteira de Israel com a Jordânia – é realmente um lago, a massa de água mais salgada do mundo (sete a oito vezes mais salgado do que qualquer oceano), e o ponto mais baixo da Terra, 390 metros abaixo do nível do mar. Camarão salobro e alguns microrganismos tolerantes ao sal (*Halobacterium halobium* e *Dunaliella*) vivem em suas águas. Os nadadores bóiam facilmente, porque o elevado conteúdo de sal cria grande flutuabilidade.

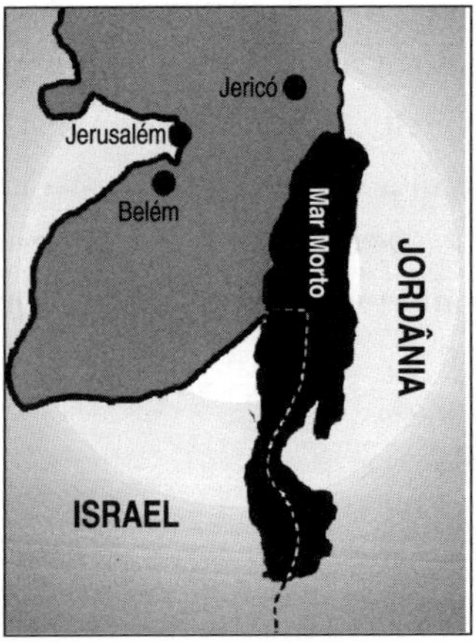

Abraham Lincoln não foi o primeiro e único presidente norte-americano que nasceu numa cabana de toras de madeira.

O primeiro presidente americano que nasceu numa cabana de madeira foi Andrew Jackson, seguido por Zachary Taylor, Millard Fillmore, James Buchanan, Abraham Lincoln e James Garfield – um total de seis presidentes nascidos em cabanas de madeira.

As cataratas do Niágara não são as quedas-d'água mais altas do mundo.

A queda-d'água mais alta do mundo é Salto Angel, que despenca de uma altura de 979 metros do Cerro Auyan Tepuy, um dos altiplanos do enorme Maciço das Guianas do sudeste da Venezuela. O Salto Angel tem o dobro da altura do Empire State Building e vinte vezes a das Cataratas do Niágara; seu nome provém de Jimmy Angel, o piloto americano que o descobriu em 1935. Angel aterrissou o seu G-2-W Flamingo *El Rio Caroni* no topo de Auyan Tepuy, onde o aparelho permaneceu pelos 43 anos seguintes, atolado num brejo.

Thomas Edison não inventou a lâmpada elétrica.

Em 1802, o químico inglês *sir* Humphrey Davy inventou o arco elétrico, fazendo brilhar um fio de platina ao passar uma corrente elétrica através dele. Em 1844, o físico francês Jean Foucault desenvolveu um arco elétrico suficientemente brilhante para iluminar a Praça da Concórdia em Paris. Em 1845, o americano J.W. Starr recebeu a patente para um dispositivo experimental de iluminação, utilizando um tubo de vácuo. Em 1867, o engenheiro elétrico russo Paul Jablochkov iluminou *bulevares* de Paris com arcos elétricos. Em 1878, o físico inglês *sir* Joseph Wilson Swan patenteou uma bem-sucedida lâmpada incandescente com filamento de carvão. No ano seguinte, Thomas Edison patenteou a sua lâmpada de filamento de carvão. Edison tornou-se o pai da lâmpada elétrica ao construir usinas de força motriz para gerar e distribuir eletricidade.

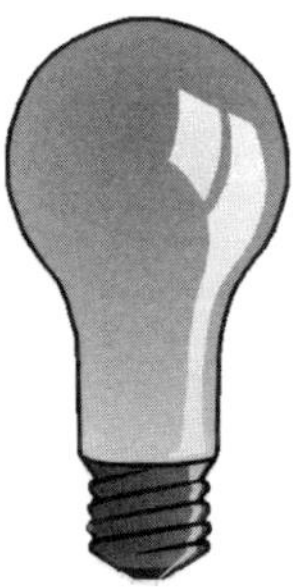

Sir Lancelote não era membro da Távola Redonda do Rei Artur.

Nas lendas britânico-célticas originais do século XII do Rei Artur (*The Black Book of Carmarthen, Kilhwch and Olwen, Historia Regum Britanniae, Roman de Brut* e *Brut*), não se faz menção alguma a Lancelote. Ele aparece pela primeira vez como personagem em *Lancelote ou o Cavaleiro da Carreta*, uma história francesa escrita por volta de 1180 por Chrétien de Troyes (1135-1183). No poema britânico quinhentista "Le Morte Arthur", Lancelote tornou-se um cavaleiro da Távola Redonda e amante da Rainha Guinevere. Cerca de 1469, o escritor inglês Sir Thomas Mallory desenvolveu as aventuras amorosas de Lancelote em "Le Morte d'Arthur".

John Harvard não fundou a Universidade de Harvard.

Em 1636, a Corte Geral de Massachusetts ordenou que uma escola fosse instalada em Newetowne, depois rebatizada Cambridge, como homenagem à universidade inglesa, na qual muitos dos colonos tinham estudado. Em 1638, John Harvard, um jovem ministro puritano de Charlestown, morreu de tuberculose, deixando metade de seus bens e sua coleção de mais de quatrocentos livros para a escola, o que levou a corte a dar o seu nome ao novo colégio.

A tulipa não é originária da Holanda.

A tulipa é natural da Ásia e do norte de África, e foi cultivada primeiro no Mediterrâneo oriental. A palavra *tulipa* é derivada do vocábulo turco *tülbend*, que significa turbante. Por volta de 1554, o diplomata austríaco Augerius Gislenius Busbequius apanhou bulbos de tulipa de um jardim turco e levou-os para a Europa. Uma febre por tulipas, chamada *tulipomania*, tomou conta da Alemanha e Holanda de 1634 a 1637, com pessoas investindo e comprando bulbos de tulipa por até $4.000 cada. Embora a febre tenha terminado, o cultivo da tulipa permaneceu como um dos componentes importantes da economia holandesa.

Icebergs não são água oceânica congelada.

Os icebergs são gigantescas massas de gelo que se desprendem das geleiras ou lençóis de gelo. Os icebergs são feitos de neve que foi comprimida em gelo, ao longo de milhares de anos, pelo seu próprio peso. A neve funde-se em água doce – tal como os icebergs.

Os morcegos não são cegos nem voam por radar.

Embora a maioria dos morcegos não possua boa visão, todos eles podem ver. Algumas espécies navegam visualmente e vêem bem com luz tênue. A maioria dos morcegos, entretanto, navega por ecolocalização. Emitem guinchos de alta freqüência e usam os ecos para determinar com precisão a direção e a distância dos objetos na área. O radar usa ondas eletrônicas, não ondas sonoras.

A Bíblia não proíbe a masturbação.

Alguns fundamentalistas religiosos denunciam a masturbação, citando a história de Onan no capítulo 38 do Livro do Gênesis para provar que Deus proíbe a masturbação. Na história, Judá casa seu filho mais velho, Er, com uma mulher chamada Tamar. Quando Er morre, Judá ordena a seu segundo filho, Onan, que case e emprenhe Tamar, a fim de dar um herdeiro ao seu falecido irmão, de acordo com o costume do levirato. Onan sabia, porém, "que o filho não seria tido por seu; e todas as vezes que possuía a mulher de seu irmão deixava o sêmen cair na terra, para não dar descendência a seu irmão". Deus matou Onan por se recusar a dar um herdeiro a seu irmão morto, não por derramar seu sêmen.

“Em Deus Confiamos” não foi o lema oficial dos Estados Unidos desde 1776.

O versículo “In God We Trust” (Em Deus Confiamos) apareceu pela primeira vez na Bíblia do Rei Jaime (Salmo 91:2). Em 1814, Francis Scott Key escreveu o verso “E este é o nosso lema ‘Em Deus está a nossa confiança’” na quarta estância do hino “The Star-Spangled Banner”. Em 1864, o Secretário do Tesouro Salmon P. Chase pôs a frase “In God We Trust” em algumas moedas norte-americanas para estimular o moral durante a Guerra Civil. Em 1955, o Congresso ordenou que a frase figurasse em todas as moedas e cédulas dos Estados Unidos. Em 1956, o Congresso converteu a frase no lema oficial dos Estados Unidos.

George Washington nunca jogou um dólar de prata para a outra margem do rio Potomac.

George Washington nasceu em 1732 e passou sua infância e adolescência em Ferry Farm, defronte de Fredericksburg, Virginia, às margens do rio Rappahannock (não do Potomac), em uma época em que o dólar americano ainda não existia. O dólar tornou-se a unidade monetária dos Estados Unidos em 1792, e o primeiro dólar americano de prata foi cunhado dois anos depois – embora o dólar de prata espanhol circulasse amplamente na América durante a vida toda de Washington. Se Washington tentou jogar um dólar de prata americano, de sua casa em Mount Vernon para a outra margem do rio Potomac, terá certamente fracassado. Em Mount Vernon, o rio tem mais de 1.600 metros de largura.

Cinderela não foi ao baile de sapatos de cristal.

Cinderela calçou chinelos de pêlo para ir ao baile. O escritor francês Charles Perrault voltou a contar a antiga e internacional história da Cinderela em seu livro *Histórias ou Contos de Tempos Idos*, publicado em 1697. Em vez de dar à Cinderela *pantoufles en vair* (chinelos feitos de pêlo de esquilo branco), como é dito em antigas versões francesas da história, Perrault escreveu que Cinderela calçava *pantoufles en verre* (chinelos de vidro), confundindo as duas palavras, *vair* e *verre*, de pronúncias muito semelhantes. O erro subsiste até hoje.

A Estátua da Liberdade não está em Nova York.

A Estátua da Cidade está em Nova Jérsei, na ilha de Bedloe, nome que foi mudado para Ilha da Liberdade em 1956. Embora a ilha se situe na zona portuária de Nova York, está dentro das águas do estado de Nova Jérsei. Os impostos sobre vendas cobrados na ilha e os impostos de renda pagos pelas famílias que aí vivem vão para o Estado de Nova York. Uma empresa elétrica da cidade de Nova Jérsei fornece a energia para a ilha.

Os kilts não se originaram na Escócia.

Os homens usaram kilts no Antigo Império do Egito (2700-2200 a. C.), na ilha de Creta, durante a civilização minóica (2500-1100 a.C.) e na Pérsia, durante o século VI. Quando os romanos ocuparam partes da Inglaterra e da Escócia de 43 a 410 d.C., levaram com eles para as Ilhas Britânicas a *laena*, uma ampla capa de inverno. Os escoceses adaptaram essa capa aos kilts e mantos axadrezados.

Bruxas nunca foram condenadas a morrer na fogueira em Salem.

Durante a caçada às bruxas em Salem, 19 mulheres e dois cães foram enforcados e um homem foi esmagado até à morte sob pesadas lajes. Mais de 150 foram encarcerados. Salem não foi o único lugar dos Estados Unidos onde bruxas foram condenadas à morte. Antes de começarem os julgamentos de Salem em 1692, já 16 mulheres tinham sido enforcadas como feiticeiras na Nova Inglaterra. Em 1693 a cidade de Salem libertou todas as pessoas que ainda se encontravam presas, sob a acusação de práticas de feitiçaria. Transcorreram mais vinte anos, quando o governador de Massachusetts inocentou as vítimas de caçadas às bruxas de todas as acusações, e o legislativo da colônia fez reparações monetárias às famílias.

A entrada pelo Atlântico para o Canal do Panamá não está a leste da saída para o Pacífico.

A entrada pelo Atlântico para o Canal do Panamá está a mais de 30 km a oeste da saída do Canal para o Oceano Pacífico. Da cidade de Colón, no litoral do Atlântico, o Canal do Panamá flui 16 km ao sul até o Lago Gatún, e depois 65 km a sudeste até a Baía do Panamá.

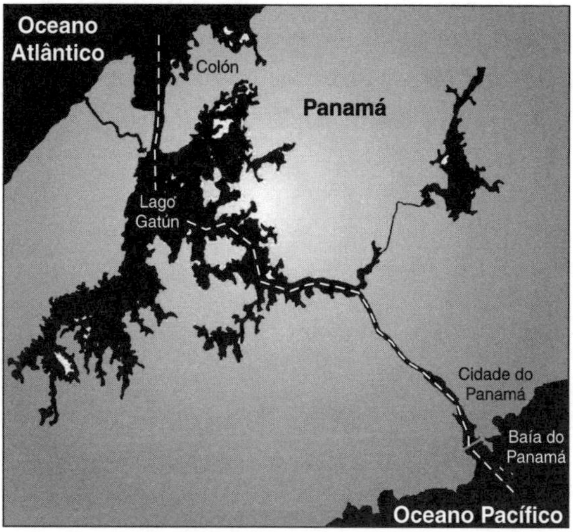

Traças não comem roupas.

As traças fêmeas de seis espécies da família Tineidae depositam imensas quantidades de ovos em tecidos de lã e seda, assim como em peles. As lagartas que saem desses ovos alimentam-se desses materiais, danificando roupas, tapetes e forrações. As traças adultas não comem esses materiais.

Um ébrio não fica sóbrio bebendo café ou tomando uma ducha.

Dar café a um ébrio cria simplesmente um bêbado bem desperto. Colocar um embriagado sob um chuveiro apenas cria um ébrio molhado. O álcool não processado na corrente sanguínea gera embriaguez e nada ajuda a acelerar a capacidade do corpo de descarregar do sistema a substância intoxicante.

“A aveia Quaker” não é fabricada pelos Quacres.

Em 1887, Henry D. Seymour, um dos fundadores de uma companhia americana de produção de flocos de aveia, estava lendo um artigo sobre os Quacres em uma enciclopédia e ficou impressionado pela semelhança entre as qualidades do grupo religioso e a imagem que ele desejava para a promoção de seus flocos. Uma segunda história afirma que o sócio de Seymour, William Heston, descendente de Quacres, estava caminhando um dia pelas ruas de Cincinnati e viu um retrato de William Penn, o Quacre inglês, e também ficou impressionado com as semelhanças. Seja como for, a embalagem de flocos de aveia nada tem a ver com os Quacres. Os próprios Quacres já processaram inúmeras vezes a companhia de flocos de cereais pelo uso do nome e enviaram sem sucesso petições ao Congresso dos Estados Unidos no sentido de que fossem proibidas marcas comerciais com conotações religiosas.

A temperatura não fica mais quente quanto mais perto se estiver do Equador.

O clima da Terra varia de acordo com muitos fatores, incluindo a latitude, a topografia, os ventos e as correntes oceânicas. Quito, a capital do Equador, situada quase exatamente sobre o equador, registra uma média de 13°C porque a cidade está a 2.857 metros acima do nível do mar, na cordilheira dos Andes. O vizinho Monte Antisana, com seus imponentes 5.600 metros de altitude, permanece coberto de neve o ano inteiro. Do mesmo modo, o Monte Quênia, na África, perto do equador e com 5.199 metros de altitude, é coroado por uma geleira permanente. A Corrente do Golfo, que flui em torno das costas sul e oeste da Islândia, perto do Círculo Polar Ártico, mantém os portos livres de gelo durante o ano inteiro. Palmeiras crescem na Cornualha, Inglaterra – cerca de 5.600 km ao norte do Equador. As águas quentes da Corrente Agulhas criam um clima temperado ao longo da costa da África do Sul.

Os três reis não visitaram o menino Jesus na manjedoura.

O Evangelho de Mateus no Novo Testamento declara simplesmente que "vieram alguns magos do Oriente a Jerusalém", sem especificar o número de magos ou se alguns deles eram reis. Os magos seguiram a estrela até "uma casa" – não a manjedoura – em Belém e visitaram o menino Jesus. (De acordo com o Evangelho de Lucas, pastores, convocados por um anjo, encontram José, Maria e o bebê recém-nascido na manjedoura). Por volta do século III da nossa era, o cartaginês Tertuliano, padre da Igreja do Ocidente, referiu-se aos magos como *fere Regis* (em latim, "quase reis"). O erudito escritor grego cristão Orígenes, teólogo e padre da Igreja (*circa* 185-253 d.C.), foi quem primeiro sugeriu que os três eram magos, baseado talvez no fato de o Evangelho de Mateus mencionar três oferendas – ouro, incenso e mirra. A obscura coleção *Excerpta Latina Barberi*, escrita no século VI da nossa era, inclui a primeira menção feita aos nomes de três dos visitantes: Gaspar, Melchior e Baltazar.

Cristóvão Colombo não foi o primeiro a afirmar que a Terra é redonda.

Colombo não estava tentando provar que o mundo era redondo. Pessoas educadas sabiam que o mundo é redondo. No século VI a.C., o matemático grego Pitágoras propôs que o mundo era redondo. Durante o século II a.C., o astrônomo grego Aristarco afirmou que a Terra e todos os planetas gravitavam ao redor do Sol. Em 150 a.C., o astrônomo grego Hiparco, tido como o fundador da astronomia de posição, calculou que a circunferência da Terra é de 21.420 milhas – notavelmente perto das quase 24.900 milhas que mede. O geógrafo grego Estabão (cerca de 64 a.C.-24 d.C.) concordou com o fato de que a Terra é redonda. Por volta de 150 d.C., o astrônomo grego Ptolomeu provou que o mundo é redondo, baseado na sombra redonda da Terra na Lua durante um eclipse lunar e na questão de que o mastro de um navio que se aproxima vindo do alto-mar é visível antes do casco. No Talmude de Jerusalém (escrito entre 200 e 425 da nossa era), os sábios judaicos escreveram: "O mundo tem a forma de uma bola" (Avodah Zorah 3:1).

Presidentes dos Estados Unidos que sofreram *impeachment*.

Processos de *impeachment* foram instaurados contra os Presidentes Andrew Johnson e Bill Clinton. *Impeachment* é quando a Câmara dos Representantes apresenta acusações contra um presidente. O Senado julga o caso e vota a sentença. Em 1868, a Câmara votou 126 a 47 pelo *impeachment* de Andrew Johnson. No Senado, ele escapou à condenação por um voto. Em 1998, a Comissão Judiciária da Câmara recomendou cinco artigos de *impeachment* contra Bill Clinton. A Câmara votou 228 a 206 para destituir Clinton com base no primeiro artigo e 221 a 212 no segundo artigo. Em 1999, o Senado votou 55 a 45 contra o *impeachment* na primeira acusação, e 50 a 50 (faltaram 17 votos para a necessária maioria de dois terços) na segunda acusação. O Presidente Richard Nixon não sofreu *impeachment*. Ele demitiu-se do cargo depois que a Comissão Judiciária da Câmara recomendou três artigos de *impeachment* contra ele, mas antes que a Câmara dos Representantes iniciasse o processo.

Os homens não têm menos uma costela do que as mulheres.

Na Bíblia, Deus criou Eva de uma das costelas de Adão (Gênesis 2:21-22). No entanto, homens e mulheres têm o mesmo número de costelas – 24 cada. Escreve o Rabino Joseph Telushkin em *Biblical Literary*: "O fato de que toda nova criatura descrita na criação divina está mais altamente desenvolvida do que aquela que a precedeu poderia indicar que a mulher, que é a última a ser criada, representa o ápice da criação." A Bíblia sublinha que homem e mulher foram criados à imagem espiritual de Deus. A mulher, criada de uma costela do homem, é uma alegoria para explicar a ligação física, emocional e intelectual entre marido e esposa: "Por isso, deixa o homem pai e mãe e se une a sua mulher, tornando-se os dois uma só carne" (Gênesis 2:24).

Os irmãos Wright não inventaram o primeiro aeroplano.

Em 1896, Samuel Pierpont Langley fez voar um aeroplano sem piloto, pesando 12 quilos e com cinco metros de comprimento, em um percurso de 1.200 metros, ao longo das margens do rio Potomac.O vôo, que durou cerca de um minuto e meio, provou ser possível o vôo com motor. Sete anos depois, os irmãos Wright realizaram o primeiro vôo tripulado no Kitty Hawk, na Carolina do Norte.

Adolf Hitler não era vegetariano.

No começo da década de 1930, Adolf Hitler começou a sofrer de fortes câimbras abdominais durante ou pouco depois das refeições. A dor poderia desaparecer em poucas horas, incapacitá-lo durante dias, provocar dias de doloroso mal-estar e irritabilidade, ou ceder em poucas semanas. Tendo se recusado a se submeter aos necessários exames para diagnosticar a causa dessas cólicas abdominais, Hitler resolveu fazer por conta própria uma série de experiências dietéticas, eliminando sucessivamente aqueles alimentos que ele suspeitava serem o motivo das câimbras, até ficar reduzido a legumes, cereais, mel, coalhada e iogurte – o que o fazia parecer um vegetariano. Na verdade, ele estava tentando insensatamente curar-se, sem a ajuda de ninguém.

Nem todos os sacerdotes católicos são celibatários.

Em 325 da nossa era, o Concílio de Nicéia foi o primeiro a proibir que sacerdotes casassem após a ordenação – o que significava que a um sacerdote que já estivesse casado ainda era permitido ter relações sexuais com sua esposa. No século V, porém, a Igreja Ocidental exigiu o celibato de todas os sacerdotes. Finalmente, em 1920, o Papa Bento XV tornou-se o primeiro papa a proibir que padres casassem. Os sacerdotes católicos de muitas Igrejas Ortodoxas Orientais podem ser casados, desde que o matrimônio tenha sido anterior à ordenação. Padres católicos ocidentais também podem ser casados sob circunstâncias especiais, como quando um sacerdote anglicano casado se converte ao catolicismo e passa a ser um sacerdote católico. Pedro, considerado pela Igreja o primeiro papa, era um homem casado, tal como eram outros apóstolos.

Cristãos nunca foram lançados aos leões no Coliseu de Roma.

Cristãos eram lançados aos leões no Circus Maximus, que podia acomodar entre 250.000 e 300.000 espectadores, durante o reinado do Imperador Nero (54-68 d.C.), de acordo com o historiador romano Tácito. O Coliseu, completado em 80 d.C., acomodava entre 40.000 e 50.000 pessoas e era usado para batalhas de gladiadores, simulacros de batalhas navais e outros espetáculos. No século XVIII, o Papa Bento XIV consagrou o Coliseu a Jesus – em memória aos cristãos aí supostamente chacinados – com o propósito de deter os romanos de continuarem usando pedras roubadas do grande anfiteatro para a construção de novos edifícios.

“Here comes the bride” (Lá vem a noiva) não foi escrita para casamentos.

Em 1848, Richard Wagner escreveu o “Coro Nupcial” para a cena de alcova da ópera *Lohengrin,* estreada em 28 de agosto de 1850 na Ópera de Weimar. Na cena, criados ajudam a despir os recém-casados Elsa e Lohengrin, enquanto um coro entoa a majestosa marcha. Em 1958, a Princesa Vitória de Inglaterra, a filha mais velha da Rainha Vitória, selecionou o “Coro Nupcial” de Wagner para a sua solene caminhada pela nave central da igreja, a fim de celebrar seu casamento com o Príncipe Frederico Guilherme da Prússia. Pouco depois, as noivas britânicas começaram a copiar o régio casal, criando assim uma nova tradição.

Os ursos coala não são ursos.

Os coalas são marsupiais – como os cangurus, os gambás e os cangambás. As fêmeas coalas dão à luz minúsculos filhotes sofrivelmente desenvolvidos, que são carregados numa bolsa no abdome da mãe nos primeiros seis meses. Nos seis meses seguintes, o filhote é transportado às costas da mãe.

Adão e Eva tiveram outros filhos, além de Caim e Abel.

Na Bíblia, Caim mata Abel, deixando apenas um assassino com o encargo de povoar a Terra. Depois que Deus baniu Caim para a terra de Nod, Adão e Eva dão à luz um terceiro filho, Seth (Gênesis 4:25-26). Adão vive mais oitocentos anos e, de acordo com o Gênesis, "teve filhos e filhas", mas não necessariamente com Eva. Caim toma uma esposa (cuja existência na terra de Nod nunca é explicada) e tem descendentes, incluindo um músico, um metalúrgico e o assassino Lamech (Gênesis 4:17-22). Por meio de Seth, chegaram "as gerações de Adão", dando continuidade à história da Bíblia.

O corne inglês não foi inventado na Inglaterra.

O corne inglês (*English horn*) não é inglês, nem é um corne. O instrumento de sopro de madeira é, na realidade, um oboé alto (um tubo de palheta dupla semelhante ao oboé e ao fagote). Em 1760, o compositor italiano Giuseppe Ferlendis, de Bérgamo, desenvolveu o corne inglês, conhecido na Grã-Bretanha e na Europa como *cor anglais*, a partir do primitivo *oboe da caccia* (oboé de caça). A palavra *cor* refere-se ao seu formato original semelhante a um corno. A palavra *anglais* (inglês) talvez proceda de uma pronúncia errada da palavra *angle*, por causa do formato anguloso original do instrumento, mas ninguém sabe ao certo.

Amelia Earhart não desapareceu quando voava sozinha ao redor do mundo.

Amélia Earhart – a primeira mulher a realizar a travessia do Oceano Atlântico num vôo solo, a voar sozinha do Havaí à Califórnia e a atravessar em vôo solo os Estados Unidos em ambas as direções – decolou para seu vôo de circunavegação do mundo no equador em julho de 1937. Ela desapareceu no Oceano Pacífico, em alguma parte entre a Nova Guiné e a Ilha Howland. No avião, estava com ela o seu navegador Frederick J. Noonan.

O papel-arroz não é feito de arroz.

O papel-arroz é feito da medula de alguns arbustos asiáticos, como a *Fatsia papyrifera* e a *Tetrapanax papyrifera*, da família ginseng, com um tronco de três a cinco polegadas de diâmetro. Na China, os fabricantes de papel cortam o tronco em cilindros de várias polegadas de comprimento e depois usam uma faca para descolar cuidadosamente a medula da circunferência do cilindro até o seu centro, criando um rolo de papel com uma espessura uniforme. O rolo é então desenrolado e pesos são colocados sobre a resultante folha de papel, a fim de comprimi-la. Os fabricantes de papel também fazem papel de arroz, papel muito fino de palha de arroz freqüentemente misturado com folha de amoreira, usado para a confecção de mortalhas de cigarro. O papel-arroz é o empregado em artigos de fantasia.

O Mar Cáspio não é um mar.

O Mar Cáspio, a mais extensa massa de água fechada do mundo, é na realidade um lago salgado. Um mar é uma massa de água ligada a um oceano, como o Mar Mediterrâneo, o Mar do Caribe e o Mar Vermelho. O Mar Cáspio é inteiramente cercado por terra e sua área é quase o dobro da Califórnia.

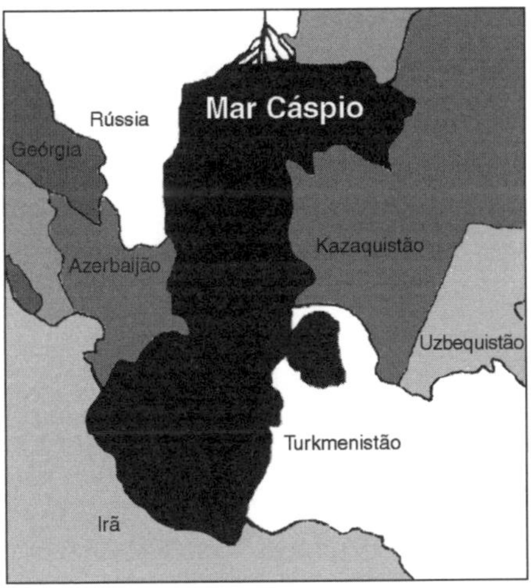

John Wilkes Booth não foi o assassino solitário de Abraham Lincoln.

John Wilkes Booth, um dos mais populares atores da época, conspirou com, pelo menos, quatro outras pessoas para derrubar o governo dos Estados Unidos, por meio do assassinato do presidente, do vice-presidente e do secretário de Estado. Em 14 de abril de 1865, enquanto Booth baleava Lincoln na cabeça durante a representação da peça *O Nosso Primo Americano*, no Ford's Theater em Washington, DC, seu cúmplice Lewis Paine feria o Secretário de Estado William Seward. Três meses após o assassinato, o governo enforcou Paine e três outros conspiradores: David Herold (por ajudar Booth a escapar para a Virginia), George Atzerodt (por planejar o assassinato do Vice-Presidente Andrew Johnson) e Mary Surratt (por ajudar os conspiradores a planejarem os crimes em sua pensão).

A laranja não é a melhor fonte de vitamina C.

A camu-camu, uma fruta de tom violáceo semelhante à cereja, que cresce ao longo dos rios na região de floresta úmida amazônica do Peru, contém aproximadamente 2.800mg de vitamina C por 100g de fruto (aproximadamente sessenta vezes a concentração de uma laranja). Os cientistas acreditam que a camu-camu tem o mais elevado teor de vitamina C do que qualquer fruto no mundo. Goiaba, kiwi, acerola, brócolis, couve-de-bruxelas, papaia e morango têm todos mais vitamina C do que a mesma quantidade de laranja.

A Legião Estrangeira francesa não é um refúgio para criminosos.

A Legião Estrangeira francesa, uma unidade do governo francês denominada *Légion Étrangère* e consistindo de voluntários entre 18 e 40 anos de idade, não aceita em suas fileiras criminosos conhecidos, nem cidadãos franceses. O número de criminosos na Legião tem sido muito exagerado em filmes e novelas.

Dinossauros viveram na Antártida.

Há milhões de anos, o continente da Antártida estava localizado muito mais ao norte do que atualmente. Durante o período cretáceo (que começou há 144 milhões a.C. e terminou há 65 milhões a.C.), a Antártida equiparava-se ao presente clima dos Estados Unidos na região noroeste do Pacífico. Uma expedição liderada pelo paleontólogo americano William Hammer descobriu, em 1991, fósseis de dinossauros pertencentes a pelo menos três diferentes terópodas (incluindo um *Cryolophosaurus* carnívoro de 68 metros de comprimento do antecedente Período Jurássico) e um não identificado herbívoro prossaurópoda no Monte Kirkpatrick, aproximadamente a 650 km do Pólo Sul. Os fósseis datam de duzentos milhões de anos. Até 2004, Hammer tinha encontrado fósseis de oito espécies de dinossauros no continente gelado.

Nem todos os peixes põem ovos.

Muitos tubarões e arraias, ciprinídeos e alguns teleóstonos, como o peixe-agulha, dão à luz filhotes. A maioria das espécies de tubarão dá à luz seus filhotes após um período de gestação de nove meses a dois anos, com algumas espécies parindo até seis filhotes numa ninhada. Entre os ciprinídeos, a fêmea é capaz de armazenar esperma do macho em seu corpo por muitos meses, dando à luz até cinqüenta filhotes vivos de quatro em quatro (ou de seis em seis) semanas.

Na Bíblia, uma baleia não engole Jonas.

Nenhuma baleia é mencionada em parte alguma do Livro de Jonas. Jonas diz aos marinheiros de Jope, que temem o mar tempestuoso: "Tomai-me e lançai-me ao mar, e o mar se aquietará, porque eu sei que por minha causa vos sobreveio essa grande tempestade" (Jonas 1:12). Eles relutantemente lançam Jonas ao mar, as águas cessaram sua fúria, e Deus enviou "um grande peixe que tragasse a Jonas" (Jonas 2:1). Depois de passar três dias e três noites no ventre do grande peixe, a criatura o cospe para terra seca. Não ficamos sabendo de que espécie de peixe se trata. Diga-se de passagem, que a baleia é um mamífero aquático, não um peixe.

A última canção que a orquestra do *Titanic* tocou não foi "Nearer, My God, to Thee".

Quando o *Titanic* afundou na noite de 14-15 de abril de 1912, a última canção que a orquestra tocou, antes da inclinação do navio levar músicos e instrumentos de roldão, foi o hino episcopal "Outono", de acordo com o depoimento de Harold Bride, o sobrevivente telegrafista do *Titanic*, ao *The New York Times* de 19 de abril de 1912. Ambos os filmes intitulados *Titanic*, de 1953 e 1997, puseram a orquestra tocando a canção errada, "Nearer, My God, to Thee" (Mais Perto de Ti, Meu Deus).

Dorothy não usa sapatos de rubi em *O Mágico de Oz*

No clássico livro infantil de L.Frank Baum, *The Wonderful Wizard of Oz*, Dorothy usa sapatos de prata. O roteirista de Hollywood, Noel Langley, mudou-os para sapatos de rubi no script do filme da MGM, de 1939, *O Mágico de Oz*. Além disso, no livro de Baum, não encontraremos nunca a Srta. Gulch, a fazendeira, o Professor Marvel no Kansas; Dorothy de fato foi para Oz mas não conheceu a Bruxa Má antes de chegar ao castelo da bruxa.

FONTES

Adams, Cecil. *More of the Straight Dope*. Nova York: Ballantine Books, 1988.

Applebaum, Irwyn. *The World According to Beaver*. Nova York: Bantam Books, 1984.

Augarde, Toiny. *The Oxford Dictionary of Modern Quotations*. Oxford: Oxford Universty Press, 1991.

Ausubel, Nathan. *The Book of Jewish Knowledge*. Nova York: Crown, 1964.

Bartlett, John. *Familiar Quotations,* 15 ed. Organizado por Emily Morison Beck. Nova York: Little, Brown, 1980.

Bride, Harold. "Thrilling Tale by Titanic's Surviving Wireless Man." *New York Times,* 28 de abril de 1912.

Burnam, Tom. *More Misinformation*. Nova York: Lippincott & Crowell, 1980.

Burnam, Tom. *The Dictionary of Misinformation*. Nova York: Thomas Y. Crowell, 1975.

DeConde, Alexander. *A History of American Foreign Policy,* 2ª ed. Nova York: Charles Scribner's Sons, 1971.

Editores do Reader's Digest. *Reader's Digest Book of Facts*. Pleasantville, N.Y.: Reader's Digest, 1987.

Editores do Reader's Digest. *Strange Stories, Amazing Facts*. Pleasantville, N.Y.: Reader's Digest, 1976.

The Guiness Book of Records. Nova York: Bantam, 1993.

Hamilton, Edith. *Mythology*. Nova York: Little, Brown, 1940.

Harvey, *Sir* Paul, ed. *The Oxford Companion to English Literature*. 4ª ed. Revista por Dorothy Engel. Oxford: Oxford University Press, 1967.

Hendrickson, Robert. *Encyclopedia of Word and Phrase Origins*. Nova York: Facts on File, 1997.

Hertz, Dr. J. H., ed. *The Pentateuch and Haftorahs,* 2ª ed. Londres: Soncino Press, 1968.

Heston, Leonard e Renate. *The Medical Casebook of Adolf Hitler*. Londres: William Kimber & Co., 1979.

Katz, Ephraim. *The Film Encyclopedia*. Nova York: Perigee, 1979.

Kuntz, Phil, (org.) *The Starr Evidence*. Nova York: Pocket Books, 1998.

Legman, G., (org.) *The Limerick.* Nova York: Bell, 1969.
Melton, J. Gordon. *The Vampire Book.* Detroit: Visible Ink, 1994.
Metzger, Bruce M., e Michael D. Coogan. *The Oxford Companion to the Bible.* Oxford: Oxford University Press, 1993.
Moore, Laurence. *Is Greenland Really Green?* Nova York: Avon, 1996.
Mullen, William. "Antarctic Fossils Shed New Light on Dinosaurs." *Chicago Tribune*, 6 de fevereiro de 2004.
Panati, Charles. *Panati's Extraordinary Origins of Everyday Things.* Nova York: Perennial, 1987.
Poundstone, William. *Big Secrets.* Nova York: Houghton Mifflin, 1986.
Pritchard, David, e Alan Lysaght. *The Beatles: An Oral History.* Nova York: Hyperion, 1998.
The Random House Dictionary of the English Language. Nova York: Random House, 1969.
Reader's Digest Guide to Places. Londres: Reader's Digest, 1987.
Schaffner, Nicholas. *The Beatles Forever.* Nova York: McGraw-Hill, 1977.
Selders, George. *The Great Thoughts.* Nova York: Ballantine, 1985.
[Shakespeare, William]. *The Complete Works of William Shakespeare.* Londres: Abbey Library, 1974.
Sheff, David, e G. Barry Golson. *The Playboy Interviews with John Lennon and Yoko Ono.* Nova York: Playboy Press, 1981.
Shenkman, Richard. *Legends and Lies.* Nova York: Morrow, 1988.
Somer, Elizabeth. *The Essencial Guide to Vitamins and Minerals.* Nova York: HarperCollins, 1992.
Speer, Albert. *Inside the Third Reich.* Nova York: Macmillan, 1970.
Telushkin, Rabino Joseph. *Biblical Literacy.* Nova York: Morrow, 1997.
Tekushkin, Rabino Joseph. *Jewish Literacy.* Nova York: Morrow, 1991
Thoreau, Henry David. *Walden.* Nova York: Signet, 1960.
Tuleja, Tad.. *Fabulous Fallacies.* Nova York: Harmony, 1982.
Wenner, Jann. *Lennon Remembers.* Nova York: Pocket Books, 1971.
Wilson, A.N. *The Rise and Fall of the House of Windsor.* Nova York: W.W. Norton, 1993.
The World Almanac 2000. Nova York: World Almanac, 2000.
The World Book Encyclopedia. Chicago: World Book, 1985.
Zappa, Frank, com Peter Occhiogrosso. *The Real Frank Zappa Book.* Nova York: Poseidon, 1989.

Os jogos da natureza

ISBN 13 978-85-352-1618-9
ISBN 10 85-352-1618-9
180 pp.

OS GÊNIOS DA CIÊNCIA - 5 GIGANTES EM 1 VOLUME

ISBN 13 978-85-352-1290-7
ISBN 10 85-352-1290-6
1056 pp.

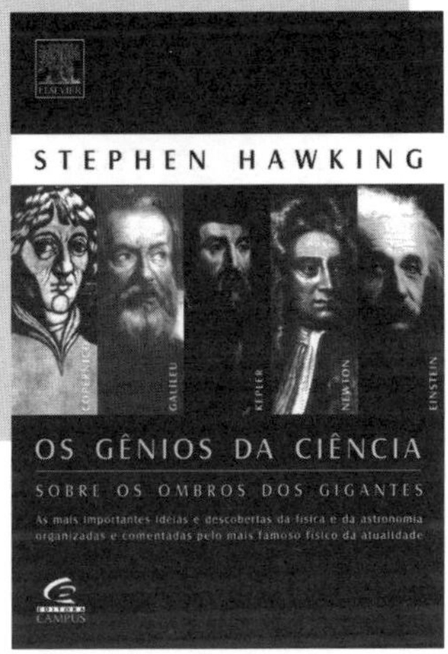

FREAKONOMICS: O lado oculto e inesperado de tudo que nos afeta

ISBN 13 978-85-352-1504-5
ISBN 10 85-352-1504-2
276 pp.

Os gênios da ciência - Edição Ilustrada

ISBN 13 978-85-352-1525-0
ISBN 10 85-352-1525-5
264 pp.

Outras maneiras fáceis de receber informações sobre nossos lançamentos e ficar atualizado.

- ligue grátis: **0800-265340** (2ª a 6ª feira, das 8:00 h às 18:30 h)
- preencha o cupom e envie pelos correios (o selo será pago pela editora)
- ou mande um e-mail para: **info@elsevier.com.br**

ELSEVIER

EDITORA CAMPUS

NEGÓCIO EDITORA

Alegro

Nome: ____________________

Escolaridade: ____________ ❑ Masc ❑ Fem Nasc ___/___/___

Endereço residencial: ____________________

Bairro: ________ Cidade: ________ Estado: ________

CEP: ________ Tel.: ________ Fax: ________

Empresa: ____________________

CPF/CNPJ: ____________ e-mail: ____________

Costuma comprar livros através de: ❑ Livrarias ❑ Feiras e eventos ❑ Mala direta ❑ Internet

Sua área de interesse é:

❑ **UNIVERSITÁRIOS**
- ❑ Administração
- ❑ Computação
- ❑ Economia
- ❑ Comunicação
- ❑ Engenharia
- ❑ Estatística
- ❑ Física
- ❑ Turismo
- ❑ Psicologia

❑ **EDUCAÇÃO/ REFERÊNCIA**
- ❑ Idiomas
- ❑ Dicionários
- ❑ Gramáticas
- ❑ Soc. e Política
- ❑ Div. Científica

❑ **PROFISSIONAL**
- ❑ Tecnologia
- ❑ Negócios

❑ **DESENVOLVIMENTO PESSOAL**
- ❑ Educação Familiar
- ❑ Finanças Pessoais
- ❑ Qualidade de Vida
- ❑ Comportamento
- ❑ Motivação

20299-999 - Rio de Janeiro - RJ

O SELO SERÁ PAGO POR

Elsevier Editora Ltda

CARTÃO RESPOSTA

Não é necessário selar

ELSEVIER

EDITORA CAMPUS

NEGÓCIO EDITORA

Alegro

Cartão Resposta

050120048-7/2003-DR/RJ

Elsevier Editora Ltda

CORREIOS

Sistema CTcP,
impressão e acabamento
executados no parque gráfico da
Editora Santuário
www.redemptor.com.br - Aparecida-SP